AVALIAÇÃO PARA GESTÃO DA APRENDIZAGEM
NO ENSINO SUPERIOR

O GEN | Grupo Editorial Nacional – maior plataforma editorial brasileira no segmento científico, técnico e profissional – publica conteúdos nas áreas de ciências sociais aplicadas, exatas, humanas, jurídicas e da saúde, além de prover serviços direcionados à educação continuada e à preparação para concursos.

As editoras que integram o GEN, das mais respeitadas no mercado editorial, construíram catálogos inigualáveis, com obras decisivas para a formação acadêmica e o aperfeiçoamento de várias gerações de profissionais e estudantes, tendo se tornado sinônimo de qualidade e seriedade.

A missão do GEN e dos núcleos de conteúdo que o compõem é prover a melhor informação científica e distribuí-la de maneira flexível e conveniente, a preços justos, gerando benefícios e servindo a autores, docentes, livreiros, funcionários, colaboradores e acionistas.

Nosso comportamento ético incondicional e nossa responsabilidade social e ambiental são reforçados pela natureza educacional de nossa atividade e dão sustentabilidade ao crescimento contínuo e à rentabilidade do grupo.

DÉBORA **MALLET**
REGIANE DOS **SANTOS**
THANUCI **SILVA**

AVALIAÇÃO PARA GESTÃO DA APRENDIZAGEM
NO ENSINO SUPERIOR

gen | atlas

* As autoras deste livro e a editora empenharam seus melhores esforços para assegurar que as informações e os procedimentos apresentados no texto estejam em acordo com os padrões aceitos à época da publicação, *e todos os dados foram atualizados pelas autoras até a data de fechamento do livro.* Entretanto, tendo em conta a evolução das ciências, as atualizações legislativas, as mudanças regulamentares governamentais e o constante fluxo de novas informações sobre os temas que constam do livro, recomendamos enfaticamente que os leitores consultem sempre outras fontes fidedignas, de modo a se certificarem de que as informações contidas no texto estão corretas e de que não houve alterações nas recomendações ou na legislação regulamentadora.

* Data do fechamento do livro: 28/09/2023

* As autoras e a editora se empenharam para citar adequadamente e dar o devido crédito a todos os detentores de direitos autorais de qualquer material utilizado neste livro, dispondo-se a possíveis acertos posteriores caso, inadvertida e involuntariamente, a identificação de algum deles tenha sido omitida.

* **Atendimento ao cliente: (11) 5080-0751 | faleconosco@grupogen.com.br**

* Direitos exclusivos para a língua portuguesa
  Copyright © 2024 by
  Editora Atlas Ltda.
  Uma editora integrante do GEN | Grupo Editorial Nacional
  Travessa do Ouvidor, 11
  Rio de Janeiro – RJ – 20040-040
  www.grupogen.com.br

* Reservados todos os direitos. É proibida a duplicação ou reprodução deste volume, no todo ou em parte, em quaisquer formas ou por quaisquer meios (eletrônico, mecânico, gravação, fotocópia, distribuição pela Internet ou outros), sem permissão, por escrito, da Editora Atlas Ltda.

* Capa: Daniel Kanai

* Imagem de capa: kingwin | iStockphoto

* Editoração eletrônica: Hera

* Ficha catalográfica

CIP-BRASIL. CATALOGAÇÃO NA PUBLICAÇÃO
SINDICATO NACIONAL DOS EDITORES DE LIVROS, RJ

M22a

Mallet, Débora
Avaliação para gestão da aprendizagem no ensino superior / Débora Mallet, Regiane dos Santos, Thanuci Silva. - 1. ed. - Barueri [SP] : Atlas, 2024.

Inclui bibliografia e índice
ISBN 978-65-5977-545-3

1. Ensino Superior - Metodologia. 2. Ensino Superior - Avaliação. 3. Avaliação - Metodologia. I. Santos, Regiane dos. II. Silva, Thanuci. III. Título.

23-86210

CDD: 378.17
CDU: 378.147

Gabriela Faray Ferreira Lopes - Bibliotecária - CRB-7/6643

Agradecimentos

Agradecemos a todos os que nos ajudaram e inspiraram na elaboração dessa obra, em especial à professora Mara Behlau e aos professores Marcos Lara e George Ohanian, pelas gentilíssimas contribuições.

À Helena Hime Funari, pela leitura carinhosa dos originais.

Ao nosso diretor Paulo Furquim, pelo total apoio.

Ao mestre Irineu Gianesi, por nos instigar a buscar sempre o melhor.

Sobre as Autoras

Débora Mallet

Coordenadora Executiva do Núcleo de Gestão da Aprendizagem e da Comissão de Diversidade do Instituto de Ensino e Pesquisa (Insper). Tem experiência na área de Educação, com foco em processos de avaliação da aprendizagem, desenho de currículo e formação de professores, com mais de 22 anos de experiência em ensino de graduação e pós-graduação. Doutora e mestre em Educação pela Universidade de São Paulo (USP), pós-graduada em Neurociência pelo Instituto Israelita de Ensino e Pesquisa Albert Einstein (IIEP) e graduada em Letras pela USP.

Regiane dos Santos

Graduada em Letras pela Universidade Presbiteriana Mackenzie, com licenciatura em Língua Portuguesa e Língua Inglesa e bacharelado em Edição. Pós-graduada em *Certificate in Business Project* pelo Insper. Possui oito anos de experiência nas áreas de avaliação educacional e editoração. Atualmente, é Especialista do Núcleo de Gestão da Aprendizagem no Insper.

Thanuci Silva

Graduada em licenciatura em Ciências Biológicas pela Universidade Estadual de Campinas (Unicamp), com período sanduíche na Purdue University (Estados Unidos). Cursou doutorado direto em Ensino de Bioquímica no Programa de Pós-graduação em Biologia Funcional e Molecular da Unicamp. Especializou-se em Ciência de Dados no Insper e, atualmente, é Especialista de Ensino e Aprendizagem e professora de Ciência de Dados. Tem experiência com produção de materiais didáticos digitais e instrucionais (projeto CONDIGITAL MEC/MCT), desenho, implementação e avaliação da aprendizagem baseada em evidências. Também atua como membro do corpo de revisores do *Journal of Chemical Education*, da American Chemical Society.

Prefácio

A docência é uma das atividades mais preciosas de nossa sociedade. A afirmação, vinda de quem dedicou sua vida ao ramo, pode soar pretensiosa e arrogante, mas é justamente o contrário. Para nós, professores do ensino superior, a docência é nosso sustento, nossa missão mais fundamental, mas, ao mesmo tempo, não raro somos precariamente formados para o seu exercício.

Como regra, o professor universitário, sobretudo aquele das universidades de elite, foi formado para ser uma referência em sua área de conhecimento, mas não foi treinado para conduzir a jornada de aprendizagem de seus alunos. Na prática, o professor é como um artesão. Ele pode dominar como poucos a matéria que leciona, mas sua atividade docente é, na maior parte das vezes, um aprendizado intuitivo, por observação daqueles mestres que marcaram a sua vida, sem que ele saiba com clareza o que funciona e o que não funciona para o aprendizado dos alunos.

O professor tem uma ideia intuitiva sobre o perfil desejado do egresso e, por experiência, sabe práticas que funcionam e que não funcionam no contexto específico das disciplinas que leciona. Mas, muitas vezes, não faz uma **análise**, tampouco uma **avaliação** sistemática desse processo. Análise, literalmente, é a separação do todo em partes, com o fim de entendimento da relação entre elas e, portanto, dos mecanismos que associam ações a resultados. A formação do professor universitário, nos melhores programas de mestrado e doutorado, não os prepara para analisar o aprendizado dos alunos, distinguindo as diferentes competências e habilidades, tampouco para avaliar quais são os instrumentos mais apropriados para avaliação dessas competências e habilidades. Em outras palavras, muitas vezes os professores não dominam os níveis cognitivos mais complexos da Taxonomia Revisada de Bloom no que se refere à atividade docente. Quais são as competências que compõem o perfil do egresso e, portanto, os objetivos de aprendizagem do programa? Como elas se desdobram (mais uma análise) em habilidades a serem desenvolvidas em cada disciplina? Como mensurar o aprendizado? São apenas algumas questões centrais da atividade docente, mas que passam longe do usual nos programas de doutorado. Alguns professores, como artesãos, apenas com base na experiência e na intuição, exercem a docência admiravelmente. Mas mesmo estes se beneficiariam de uma gestão da aprendizagem com fundamentação técnica; e, mais do que eles, os alunos.

Por esse motivo, é muito oportuna a iniciativa das autoras Débora Mallet, Regiane dos Santos e Thanuci Silva de reunir em um livro suas experiências de anos de atividade no Núcleo de Gestão de Aprendizagem do Instituto de Ensino e Pesquisa (Insper). O livro combina a vida do artesão, daquele que tem a docência por ofício, com a de quem se dedica ao estudo do processo de aprendizagem. Os exemplos retratam os desafios do dia a dia do professor, em suas interações com a gestão acadêmica, avaliações dos órgãos reguladores e, sobretudo, com seus alunos. Sobre esses exemplos, os problemas são analisados (destrinchados,

x | Avaliação para Gestão da Aprendizagem no Ensino Superior

literalmente) com as luzes das técnicas pedagógicas, sempre em benefício do aperfeiçoamento da docência e, como objetivo último, do aprendizado dos alunos.

Por tratar do dia a dia do docente, a leitura é fácil e fluente. Certamente, vários dos leitores-professores vão se identificar com as situações ilustrativas, que introduzem cada assunto em uma sequência organizada de gestão de aprendizagem. Essa identificação permite ao leitor a rápida conexão entre o conceito abstrato de gestão de aprendizagem e a prática docente, facilitando a sua assimilação e, quando for o caso, a transformação da jornada de aprendizado do aluno.

O livro é também recurso fundamental para os gestores da educação superior, por apresentar instrumentos para avaliar e intervir no processo de aprendizagem. Nele, estão contidos os principais instrumentos que devem ser utilizados por coordenadores de curso e gestores de áreas afins, para assegurar o aperfeiçoamento contínuo do aprendizado do aluno nas instituições de que fazem parte.

É uma satisfação ver que esse conhecimento, baseado nas principais referências internacionais, mas, sobretudo, construído pela experiência do Núcleo de Gestão de Aprendizagem do Insper, possa agora ser compartilhado com a sociedade. A obra merece não apenas a sua leitura, mas sua ampla divulgação e aplicação nas mais variadas instituições de ensino superior.

Prof. Dr. Paulo Furquim de Azevedo
Professor Titular do Insper e coordenador do Centro de Regulação e
Democracia. Graduado em Administração Pública, pela Fundação Getulio
Vargas, e mestre e doutor em Economia, pela Faculdade de Economia,
Administração, Contabilidade e Atuária da Universidade de São Paulo (FEA-USP).

Dedicatória

Para Raquel, minha parceira de vida.

Débora Mallet

À Fabi, que é quem mais me ensina desde sempre e que mais torce por mim.

Regiane dos Santos

Aos meus sobrinhos Leonardo e Giovanni, para quem sou puramente a tia Tatá.

Thanuci Silva

Sumário

Introdução, 1

Sobre o Livro e Sugestões de Leitura, 3

Capítulo 1 **Competências e Habilidades no Processo Avaliativo, 7**

Competências e habilidades no processo avaliativo, 10

Materializando competências e habilidades em uma questão avaliativa, 12

Conceituando competências e habilidades, 15

Tudo isso tem a ver só com o Enade?, 18

Referências, 22

Capítulo 2 **Objetivos de Aprendizagem e suas Principais Características, 25**

Das competências e habilidades previstas nas DCNs a uma proposta curricular: possíveis rupturas no caminho, 27

Objetivos de aprendizagem e planejamento, 29

Conteúdos e objetivos de aprendizagem, 33

Referências, 36

Capítulo 3 **Alinhamento entre Objetivos de Aprendizagem, Dinâmicas de Aulas e Avaliações, 39**

Alinhamento entre objetivos de aprendizagem previstos no planejamento, dinâmicas e atividades avaliativas, 42

Referências, 48

xiv | Avaliação para Gestão da Aprendizagem no Ensino Superior

Capítulo 4 Importância do Nível Cognitivo para o Alinhamento entre Objetivos de Aprendizagem e as Práticas Avaliativas, 49

Exemplo de questão no nível cognitivo "Lembrar", 54

Exemplo de questão no nível cognitivo "Compreender", 55

Exemplo de questão no nível cognitivo "Aplicar", 56

Exemplo de questão no nível cognitivo "Analisar", 58

Exemplo de questão no nível cognitivo "Avaliar", 60

Exemplo de questão no nível cognitivo "Criar", 63

Referências, 70

Capítulo 5 Tipos de Instrumentos Avaliativos, 71

Critérios para escolha de instrumento, 73

Atividades avaliativas e tamanho de turma, 78

Aspectos tecnológicos, 79

Atividade individual ou em grupo, 80

O que é escrever um enunciado claro?, 80

Referências, 84

Capítulo 6 Instrumentos Fechados – Questões de Múltipla Escolha, 85

Questões de múltipla escolha, 87

Clareza do que está sendo avaliado na questão objetiva, 91

Referências, 102

Capítulo 7 Instrumentos Abertos – Questões Discursivas, 103

Formato de uma questão discursiva, 105

O que está sendo avaliado em uma questão discursiva?, 107

A importância do padrão de respostas, 109

Outros tipos de instrumentos avaliativos abertos, 112

Referências, 116

Sumário | **xv**

Capítulo 8 Rubricas de Correção, 117

Rubricas: definição e traços fundamentais, 119

Referências, 131

Capítulo 9 Tipos de Avaliação – Diagnóstica, Formativa e Somativa, 133

Avaliação diagnóstica, 137

Avaliação formativa, 138

Avaliação somativa, 141

Referências, 143

Capítulo 10 Validade e Confiabilidade de Instrumentos Avaliativos, 145

Validade, 147

Confiabilidade dos resultados avaliativos, 153

Referências, 161

Capítulo 11 Intervenção na Aprendizagem, 163

Avaliar para intervir, 165

Possibilidades de atuação, 169

Referências, 171

Capítulo 12 Matriz de Avaliação, 173

Matriz de referência e matriz de avaliação, 176

Referências, 182

Capítulo 13 Ensino Remoto, Presencial e Híbrido e Avaliação da Aprendizagem, 183

Modalidades de ensino, 185

Referências, 194

Capítulo 14 Fechamento, 195

Índice Alfabético, 199

Introdução

Quando iniciamos nossa atuação no Núcleo de Gestão da Aprendizagem (NGA) do Centro de Ensino e Aprendizagem do Instituto de Ensino e Pesquisa (Insper), entramos em contato, mais uma vez, com aspectos comuns relativos aos processos avaliativos.

"Avaliação" é aquele tipo de tema que provoca mal-estar em educação. Nos docentes, pelo imenso trabalho que consome, sem parecer trazer retorno, de fato. Nos alunos, pelo desgaste e pela visão de que ela é "apenas um desafio a ser superado". Na gestão, por refletir em resultados por vezes insatisfatórios, a partir dos quais haverá cobranças e pressões de diferentes naturezas.

Nossa experiência teórico-prática com avaliação da aprendizagem em diferentes programas da escola nos permitiu desenvolver a compreensão do processo de forma diferente.

Este livro, que é o resultado desse aprendizado acumulado durante anos, entende esse contexto educacional que perdura há décadas, mas procura trazer uma abordagem um pouco diferente para o assunto. Se, para a maioria dos envolvidos, a avaliação sempre parece ser "um ponto de chegada", em nosso entendimento é, mais do que tudo, "um ponto de partida".

Ponto de partida na medida em que ela pode ser vista (e organizada) para que possamos olhar evidências do que está acontecendo com a aprendizagem, para que possamos, com base em dados e informações, verificar se a aprendizagem está acontecendo da forma esperada ou, caso não esteja, possamos ter caminhos iniciais para intervir e melhorar o aprendizado dos estudantes.

Para que esse processo ocorra, partimos da premissa de que é imprescindível saber o que está sendo avaliado em cada instrumento aplicado. Não apenas do ponto de vista de conteúdos, mas também dos objetivos de aprendizagem que estão sendo focados e postos em avaliação, para que os estudantes possam demonstrar suas capacidades na resolução das atividades propostas, sejam elas simples ou complexas, do ponto de vista cognitivo (o que vale também para aspectos comportamentais e motores, que não são alvo desta obra).

Acreditamos que seja relativamente fácil para os docentes indicarem os conteúdos que estão sendo mobilizados em suas atividades avaliativas. Se pensarmos, por exemplo, em uma prova, instrumento avaliativo dos mais comuns utilizado em todos os níveis de escolaridade, o conteúdo a ser abordado tem alto potencial de ser o critério empregado para desenvolvimento das questões, sejam elas objetivas ou discursivas.

Talvez já não seja tão claro definir quais objetivos de aprendizagem se pretende avaliar com cada pergunta. Dizendo de outro modo: o que se espera que o estudante demonstre, que seja capaz de fazer, na resolução de cada atividade?

Essa pouca consciência sobre a expectativa de desempenho dos estudantes já envolve um aspecto de alta complexidade: o que um professor corrige em uma avaliação, senão a capacidade do estudante em demonstrar sua capacidade de resolver o exercício? Mesmo que seja uma pergunta teórica, o que se espera é que o estudante seja capaz de **explicar o conceito**. Ele precisou fazer essa ação cognitiva (explicar), e isso está em jogo, tanto quanto o conceito que foi exigido. Aliás, é comum, quando o estudante erra, que sua forma de explicar esteja inadequada, não que ele tenha, necessariamente, partido de um conceito diferente do que foi solicitado.

Nossos anos de atuação em processos avaliativos demonstrou que pode ser bastante desafiador, no início, estabelecer essa relação entre atividades avaliativas e objetivos de aprendizagem (o que desejamos que os estudantes sejam capazes de demonstrar, de forma ao menos satisfatória, ao final da disciplina).

Felizmente, podemos afirmar que trilhar esse caminho é possível e pode ser bastante útil para que possamos utilizar a avaliação como momentos de coleta de informações sobre o que os alunos sabem ou não fazer, a partir dos objetivos de aprendizagem que determinamos e, consequentemente, avaliamos (ou deveríamos avaliar).

Afinal, todo professor sabe o quão custoso é o trabalho avaliativo: elaborar instrumentos, corrigir as entregas dos estudantes, dar devolutivas e notas. Todas essas ações demandam tempo e dedicação dos docentes, e acreditamos que esse processo possa ser muito mais útil e promover aprendizados para que possamos intervir e melhorar as experiências de aprendizagem dos estudantes, um dos focos fundamentais de qualquer instituição de ensino, da educação básica à pós-graduação *stricto sensu*.

Esta obra procura ajudar docentes e gestores acadêmicos a construir um processo avaliativo mais significativo e efetivo, capaz, de fato, de auxiliar os estudantes a aprender mais e melhor. Nessa perspectiva, parafraseando uma famosa escritora brasileira, acreditamos que "este livro nada tira de ninguém". É apenas o resultado de anos de práticas avaliativas focadas na aprendizagem e no desenvolvimento dos estudantes, que, humildemente, queremos compartilhar com vocês.

Sobre o Livro e Sugestão de Leitura

Um ponto fundamental da concepção de avaliação da aprendizagem proposta neste livro é aliar teoria e prática. Nesse sentido, os capítulos foram construídos em uma estrutura em que você será exposto a situações fictícias iniciais, que procuram trazer o contexto do dia a dia docente em relação ao processo avaliativo. Na sequência, são feitas discussões sobre o assunto central de cada capítulo e são propostas atividades, para que você possa aplicar os conhecimentos discutidos.

Essa organização foi feita com base em seções fixas, que auxiliam no desenvolvimento da proposta e na organização da leitura de acordo com a sua necessidade. Elas são apresentadas na sequência.

Objetivos de aprendizagem do capítulo
Objetivos que têm o propósito de serem desenvolvidos ao longo de cada um dos capítulos da obra.

Situação
Situação fictícia com problemática comum no contexto educacional, desenvolvida para aproximar o leitor do conteúdo proposto.

O que pode estar acontecendo nessa situação?
Reflexão sobre a situação fictícia e conexão com o conteúdo do capítulo.

Vamos praticar?
Atividade guiada que costuma utilizar algum exemplo do próprio capítulo ou uma questão real para exercitar o objetivo proposto.

Faça você mesmo
Atividade que solicita a utilização de seu próprio planejamento e/ou atividades avaliativas para exercitar o objetivo proposto.

Checklist
Pontos de reflexão que servem para o dia a dia do planejamento das avaliações de aprendizagem.

O que você aprendeu neste capítulo?
Retomada dos principais pontos abordados no capítulo em relação aos objetivos de aprendizagem.

Referências
Lista de referências bibliográficas nacionais e internacionais utilizadas no embasamento teórico do capítulo.

A estrutura do livro segue uma lógica que parte do entendimento das competências e habilidades no processo avaliativo até a intervenção na aprendizagem, completando um ciclo avaliativo. Essa estrutura busca oferecer uma visão ampla e integrada dos diversos elementos envolvidos no processo avaliativo. Ao longo dos capítulos, você encontrará informações sobre os conceitos envolvidos nesse processo e orientações práticas para a elaboração de avaliações alinhadas com os objetivos de aprendizagem e as dinâmicas de aula. Esperamos que esta obra possa contribuir para aprimorar suas habilidades e conhecimentos na área de avaliação educacional e, assim, promover uma aprendizagem mais eficaz e significativa para seus alunos.

1 Competências e Habilidades no Processo Avaliativo

- Compreender como competências e habilidades se relacionam com o processo avaliativo.
- Analisar habilidades mobilizadas em atividades avaliativas.
- Avaliar o alinhamento entre atividades avaliativas, habilidades e conceitos mobilizados em avaliações com o planejamento.
- Avaliar o alinhamento entre avaliações e objetivos.

2 Objetivos de Aprendizagem e suas Principais Características

- Relacionar competências, habilidades e objetivos de aprendizagem de programas e disciplinas.
- Compreender traços característicos de objetivos de aprendizagem.
- Analisar objetivos de aprendizagem.

3 Alinhamento entre Objetivos de Aprendizagem, Dinâmicas de Aulas e Avaliações

- Relacionar os objetivos de aprendizagem de disciplina com dinâmicas de aulas, garantindo seu alinhamento.
- Relacionar objetivos de aprendizagem, dinâmicas de aulas e atividades avaliativas.

4 Importância do Nível Cognitivo para o Alinhamento entre Objetivos de Aprendizagem e as Práticas Avaliativas

- Identificar o nível cognitivo de um verbo de ação, segundo a Taxonomia Revisada de Bloom.
- Identificar habilidades mais simples pressupostas no desenvolvimento de habilidades mais complexas.
- Avaliar o alinhamento entre os objetivos de aprendizagem e o enunciado de uma questão.

5 Tipos de Instrumentos Avaliativos

- Diferenciar instrumentos de avaliação.
- Relacionar tipos de instrumento com diferentes níveis cognitivos.
- Avaliar a proposta de avaliação de uma disciplina comparada ao tipo de objetivo de aprendizagem escolhido e às características da disciplina e da turma.

6 Instrumentos Fechados – Questões de Múltipla Escolha

- Identificar características de um instrumento avaliativo objetivo.
- Avaliar enunciados e detratores de questões de múltipla escolha, visando assegurar sua clareza e plausibilidade.

7 Instrumentos Abertos – Questões Discursivas

- Identificar traços característicos de questões discursivas.
- Avaliar o alinhamento entre o enunciado de uma questão discursiva e seu respectivo padrão de resposta.
- Desenvolver um padrão de resposta de uma questão discursiva.

8 Rubricas de Correção

- Reconhecer traços de uma rubrica avaliativa.
- Analisar rubrica.
- Criar uma rubrica de avaliação de um instrumento aberto alinhada com objetivos de aprendizagem.

9 Tipos de Avaliação – Diagnóstica, Formativa e Somativa

- Distinguir as avaliações diagnóstica, formativa e somativa.
- Criar um mapa de avaliação de disciplina, considerando sua duração e os tipos de avaliações, de acordo com o propósito de intervenção que se deseja realizar.

10 Validade e Confiabilidade de Instrumentos Avaliativos

- Distinguir validade e confiabilidade.
- Aplicar critérios para validação de questão.
- Avaliar a validade de questões, considerando o enunciado e o padrão de resposta ou gabarito.
- Avaliar a discriminação de questões por meio da distribuição dos estudantes nos diferentes níveis de proficiência propostos.

11 Intervenção na Aprendizagem

- Discutir a pertinência de um planejamento avaliativo.
- Planejar processo com avaliações diagnóstica, formativa e somativa, visando à intervenção em resultados indesejados.

12 Matriz de Avaliação

- Organizar a matriz de avaliação com base nos objetivos de aprendizagem de disciplina.
- Avaliar a distribuição e a relevância dos objetivos de aprendizagem de disciplina.

13 Ensino Remoto, Presencial e Híbrido e Avaliação da Aprendizagem

- Analisar atividades avaliativas à luz de inteligências artificiais.
- Avaliar a viabilidade de suas avaliações em um contexto de ensino remoto, presencial e híbrido.

Capítulo **1**

COMPETÊNCIAS E HABILIDADES NO PROCESSO AVALIATIVO

OBJETIVOS DE APRENDIZAGEM DO CAPÍTULO

1. Compreender como competências e habilidades se relacionam com o processo avaliativo.
2. Analisar habilidades mobilizadas em atividades avaliativas.
3. Avaliar o alinhamento entre atividades avaliativas, habilidades e conceitos mobilizados em avaliações com o planejamento.
4. Avaliar o alinhamento entre avaliações e objetivos.

Tinha certeza de que eles tinham aprendido tudo!

Roberto coordena o curso de Engenharia Civil em um centro universitário, composto por algumas unidades espalhadas regionalmente. Fundado há mais de 50 anos, o centro tem alguma tradição nas áreas de Psicologia, Administração e Engenharias. Por ser filantrópico, algumas de suas práticas são diferentes das que acontecem nos grandes grupos privados com fins lucrativos. Por outro lado, também funciona diferentemente das instituições públicas de ensino.

Há sete anos, ele começou esse trabalho, mas, desde o ciclo anterior, vem trabalhando com os alunos para melhorar o desempenho no Exame Nacional de Cursos (Enade), de forma mais sistemática. Não que a nota tenha sido péssima, mas gostaria que fosse um pouco melhor.

Em conjunto com o Núcleo Docente Estruturante (NDE) e os professores, realizou-se uma revisão do currículo, de modo a englobar conteúdos que não vinham sendo tratados. Nesse sentido, realizou-se também um "pente fino", para saber exatamente o que estava faltando e onde inserir. Além disso, foram oferecidas aulas extras, para reforçar alguns temas considerados mais importantes e que aparecem nas provas com frequência. Também foram promovidos simulados, com boa adesão e muitas conversas com os estudantes, sobre a importância da prova. De uma forma ou de outra, a maior parte dos 100 estudantes envolvidos com o exame, nesse último ciclo, tinham realizado atividades preparatórias.

Após as intervenções mencionadas anteriormente, surpreendeu-se quando viu a nota do atual ciclo: para sua decepção, foi a mesma do ciclo anterior. Ficou abalado, sem conseguir entender o que havia acontecido. Os alunos pareciam engajados, alguns chegaram mesmo a conversar depois da prova, comentando que tinham ficado todo o tempo disponível. Todo o currículo foi revisto, os alunos pareciam estar preparados.

Na reunião com o NDE, a decepção era geral, pois o grupo tinha se engajado bastante no processo. Na pausa para o café, um professor chamou Roberto no canto e perguntou sobre os microdados, se já estavam disponíveis. Roberto falou que ainda não, mas quis saber por que ele queria olhar esses dados, o que já tinha sido feito no ciclo anterior. Disse que estava pensando em relacionar os resultados com as habilidades avaliadas em cada item, para ver se vinha alguma coisa. Queria também dar mais atenção ao questionário de percepção da prova. Roberto não entendeu muito bem, mas espera que eles possam ter algum *insight* com essas análises...

 O que pode estar acontecendo nessa situação?

A situação fictícia vivida pelos docentes do curso de Engenharia Civil parece ser, em certa medida, bastante comum. No Brasil, as provas que avaliam os cursos ou fases da escolarização costumam gerar discussões em muitas escolas, com base nos resultados atingidos nas avaliações regulatórias.

Nosso foco inicial é discutir um pouco as hipóteses levantadas para explicar o desempenho dos estudantes. Mesmo se tratando de uma situação ficcional, acreditamos que ela possa nos auxiliar a compreender pontos importantes sobre o processo avaliativo.

Como vimos, foram realizadas ações para preparar os estudantes para o exame. Elas indicam pontos que foram considerados fragilidades de um ciclo para outro, ou que deveriam ser reforçados, como demonstrado no Quadro 1.1.

Quadro 1.1 Relação de ações realizadas para preparar os estudantes para o exame

Ação promovida	Possíveis objetivos desejados
Revisão da matriz curricular	Identificar temas/conteúdos não cobertos
Promoção de aulas de reforço	Garantir que os estudantes tenham visto todos os temas/conteúdos mais recorrentes no exame
Aplicação de simulados	Levar os estudantes a praticarem para a prova e diagnosticar possíveis *gaps*
Conversas com alunos sobre o exame	Engajar os estudantes

Todas as ações são bastante comuns e procuram atingir pontos fracos que costumam ser percebidos pelas instituições, considerando que o objetivo é ter melhoria de desempenho no exame. No entanto, aparentemente, essas ações não atingiram o objetivo esperado. É claro que há diversos fatores envolvidos no cálculo da nota, mas o fato é que, apesar de não ter havido piora, também não houve a melhora esperada no desempenho dos alunos, dados os esforços realizados. Evidentemente, qualquer conclusão sem uma análise minuciosa de dados, considerando os diferentes ciclos do exame já realizados, bem como estudos sobre os simulados e outras variáveis, pode ser muito equivocada. Contudo, pelo menos de forma mais superficial, as ações tomadas nos mostram os pontos que foram considerados importantes pela gestão e pelo núcleo de professores envolvidos, como elementos que levariam a uma melhora nos resultados dos estudantes.

Todas as ações promovidas nos parecem muito válidas, mas gostaríamos de explorar um aspecto trazido na história pelo professor Roberto. Esse elemento, que será apresentado na sequência, certamente não pode ser visto como "causa" da ausência de melhora, uma vez que diversas outras variáveis podem estar envolvidas no ocorrido e precisariam ser estudadas para a compreensão do caso. Todavia, esse ponto diz respeito a um aspecto que costuma ser pouco considerado nas análises dos resultados.

Esse novo aspecto deve ser compreendido como mais um ponto a ser analisado nos resultados de exames como esse. Mais do que isso, como veremos adiante, o tópico em destaque também pode (e deveria) ser considerado em todas as avaliações aplicadas no dia a dia das disciplinas. **Trata-se de informações sobre as competências e habilidades avaliadas em cada avaliação**.

COMPETÊNCIAS E HABILIDADES NO PROCESSO AVALIATIVO

Nos relatórios síntese de área disponibilizados pelo Instituto Nacional de Estudos e Pesquisas Educacionais Anísio Teixeira (Inep), desde 2014, há um anexo dedicado apenas à concepção e à elaboração das provas do Enade. Nesse material, o órgão regulador retoma aspectos das Diretrizes Curriculares, relacionando explicitamente o perfil do egresso, as competências requisitadas e o conteúdo relacionado às habilidades que compõem essas competências. Essa relação explícita se dá em cada questão proposta no exame.

Figura 1.1 Relatório Enade de Síntese de Área – Engenharia Civil 2019.

Fonte: Disponível em: http://download.inep.gov.br/educacao_superior/enade/relatorio_sintese/2019/Enade_2019_Relatorios_Sintese_Area_Engenharia_Civil.pdf. Acesso em: 17 dez. 2021.

> "Os resultados do Enade expressos nos **relatórios síntese de área** apresentam, para além da mensuração quantitativa decorrente do desempenho dos estudantes na prova, a potencialidade da correlação entre indicadores quantitativos e qualitativos acerca das características desejadas para a formação do perfil profissional pretendido."
>
> Fonte: https://www.gov.br/inep/pt-br/areas-de-atuacao/avaliacao-e-exames-educacionais/enade/resultados#:~:text=As%20Sinopses%20estat%C3%ADsticas%20do%20Enade,respostas%20ao%20Question%C3%A1rio%20do%20Estudante. Acesso em: 17 dez. 2021.
>
> Para verificar determinado relatório síntese de área, acesse o *site* do Inep, busque a área de Avaliações e Exames Educacionais, selecione o "Enade" e então a página de "Resultados", na qual você poderá buscar o relatório por ano e curso desejado.

Capítulo 1 • Competências e Habilidades no Processo Avaliativo | 11

Quadro 1.2 Informações sobre o Relatório Síntese de Área do Enade

Questão na prova	Perfil	Recurso	OCS
Questão Discursiva 03	Generalista no exercício da profissão de engenheiro civil, adotando perspectivas multidisciplinares e transdisciplinares em sua prática	Aplicar conhecimentos científicos, tecnológicos e instrumentais às práticas de Engenharia Civil	Construção Civil; Expressão Gráfica
Questão Discursiva 04	Ético, responsável e comprometido com as demandas da sociedade considerando os aspectos políticos, econômicos, sociais, ambientais e culturais que influenciam a atividade profissional	Identificar, formular e resolver problemas de Engenharia Civil	Recursos Hídricos e Saneamento
Questão Discursiva 05	Reflexivo, crítico e criativo na concepção de soluções de Engenharia Civil	Conceber, projetar, planejar e analisar sistemas, obras e serviços de Engenharia Civil	Topografia e Geoprocessamento; Transportes
Questão 09	Reflexivo, crítico e criativo na concepção de soluções de Engenharia Civil	Conduzir experimentos, interpretar e analisar resultados	Construção Civil; Matemática e Estatística aplicadas à Engenharia Civil
Questão 10	Atento ao surgimento e desenvolvimento de novas tecnologias, com capacidade de integrá-las às práticas da profissão	Coordenar, executar e supervisionar projetos, obras e serviços de Engenharia Civil	Construção Civil
Questão 11	Ético, responsável e comprometido com as demandas da sociedade considerando os aspectos políticos, econômicos, sociais, ambientais e culturais que influenciam a atividade profissional	Gerenciar empreendimentos, obras e serviços de Engenharia Civil	Geotecnia
Questão 12	Ético, responsável e comprometido com as demandas da sociedade considerando os aspectos políticos, econômicos, sociais, ambientais e culturais que influenciam a atividade profissional	Avaliar a viabilidade técnica, econômica e ambiental de projetos de Engenharia Civil	Construção Civil; Administração e Economia aplicadas à Engenharia Civil

Fonte: Disponível em: http://download.inep.gov.br/educacao_superior/enade/relatorio_sintese/2019/Enade_2019_Relatorios_Sintese_Area_Engenharia_Civil.pdf. Acesso em: 17 dez. 2021.

12 | Avaliação para Gestão da Aprendizagem no Ensino Superior

Esse tipo de informação pode ser muito relevante para auxiliar na maneira como podem ser interpretados os resultados de aprendizagem dos estudantes. Tradicionalmente, temos muita clareza sobre os conteúdos ministrados nas disciplinas e como eles estão distribuídos pela matriz curricular, mas pouco refletimos sobre habilidades e competências. Na própria história fictícia, foi feito um grande movimento para analisar o currículo e inserir/reforçar conteúdos que não tinham sido explorados ou se mostravam mais desafiadores para os estudantes.

Essa é uma ação válida, mas, ao ter clareza das competências e habilidades que estão sendo associadas aos conteúdos, acreditamos que outras informações muito importantes passam a ser explicitadas:

- Ao termos clareza de competências e habilidades mobilizadas nas atividades propostas, passamos a considerar os processos mentais mobilizados pelos estudantes para resolver as atividades propostas.

- Esses processos mentais são uma chave importante para que possamos entender o que os estudantes sabem e o que não sabem fazer, seja qual for o conteúdo mobilizado.

- Passamos a compreender que competências e habilidades são mobilizadas no dia a dia dos processos de ensino e aprendizagem, o que inclui as atividades avaliativas de qualquer natureza.

- Se antes possíveis intervenções no currículo e nas disciplinas eram baseadas apenas nos conteúdos em que os estudantes apresentavam maior dificuldade ou que não estavam cobertos, agora podemos ter um cenário mais amplo: passamos a ter maior consciência das operações mentais exigidas dos estudantes para a realização das atividades pedagógicas, o que pode trazer muitas informações sobre por que erram, total ou parcialmente, determinadas atividades propostas que os estudantes se propuseram a realizar.

Vamos destacar, no decorrer deste capítulo, como essas premissas utilizadas em exames como o Enade podem (e devem) fazer parte de qualquer processo avaliativo de aprendizagem. Utilizamos esse exame como ponto de partida apenas para que possamos ver um exemplo real de como competências e habilidades estão muito mais próximas das práticas educativas do que supomos.

Por questões que não serão exploradas neste momento, as instituições de ensino, os gestores acadêmicos e os docentes não costumam ter clareza de quais competências e habilidades estão sendo mobilizadas na realização das atividades, seja ela uma dinâmica da aula, seja um momento avaliativo da aprendizagem.

Um de nossos objetivos neste livro é justamente esse: mostrar como competências e habilidades estão materializadas nos processos de ensino e aprendizagem e entender que termos essa clareza pode ser um excelente recurso para desenvolver avaliações da aprendizagem cada vez mais adequadas para auxiliarmos os estudantes no processo de aprender.

MATERIALIZANDO COMPETÊNCIAS E HABILIDADES EM UMA QUESTÃO AVALIATIVA

Para que possamos entender como habilidades e competências estão relacionadas a atividades avaliativas em exames como o Enade, vamos analisar um exemplo. Como se sabe, as questões do componente de Formação Geral do Enade são comuns a todas as áreas de concentração avaliadas naquele ano. O exemplo que trazemos é a Questão 1 do referido componente, extraída da prova de 2017.

Capítulo 1 • Competências e Habilidades no Processo Avaliativo | 13

 Enade 2017 – *Questão 1*

Os britânicos decidiram sair da União Europeia (UE). A decisão do referendo abalou os mercados financeiros em meio às incertezas sobre os possíveis impactos dessa saída.

Os gráficos a seguir apresentam, respectivamente, as contribuições dos países integrantes do bloco para a UE, em 2014, que somam € 144,9 bilhões de euros, e a comparação entre a contribuição do Reino Unido para a UE e a contrapartida dos gastos com o Reino Unido.

Figura 1.2 Gráficos disponibilizados na prova do ENADE 2017, para resolução da Questão 1.

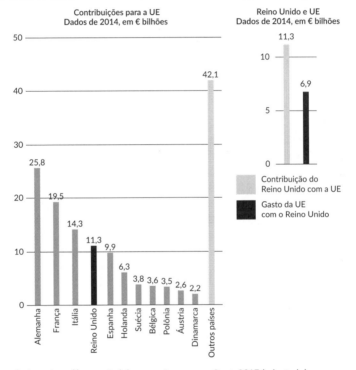

Fonte: Disponível em: http://www.g1.globo.com. Acesso em: 6 set. 2017 (adaptado).

Fonte: Enade 2017. Disponível em: https://download.inep.gov.br/educacao_superior/enade/provas/2017/11_ENG_CIV_BACHAREL_BAIXA.pdf. Acesso em: 17 dez. 2021.

As questões do Enade muitas vezes trazem desafios aplicados a assuntos que estão em alta no momento de sua aplicação. No caso da prova de Formação Geral, não são exigidos conteúdos específicos das áreas, mas abordados temas considerados relevantes, que costumam estar em discussão na sociedade.

Na questão em análise, o tema em pauta foi a saída da Inglaterra da União Europeia (UE) e o impacto dessa saída no balanço da União, que gerou incertezas no mercado financeiro de todo o mundo.

14 | Avaliação para Gestão da Aprendizagem no Ensino Superior

Se pensarmos exclusivamente na questão temática, podemos chegar à conclusão de que estudantes que erraram podem ter pouco conhecimento sobre a saída da Inglaterra da UE. Para explorar essa hipótese, vamos dar uma olhada no enunciado e nas alternativas disponíveis:

Considerando o texto e as informações apresentadas nos gráficos acima, assinale a opção correta.

A. A contribuição dos quatro maiores países do bloco somou 41,13%.
B. O grupo "Outros países" contribuiu para esse bloco econômico com 42,1%.
C. A diferença da contribuição do Reino Unido em relação ao recebido do bloco econômico foi 38,94%.
D. A soma das participações dos três países com maior contribuição para o bloco econômico supera 50%.
E. O percentual de participação do Reino Unido com o bloco econômico em 2014 foi de 17,8%, o que o colocou entre os quatro maiores participantes.

Gabarito: alternativa C.

A partir do enunciado e das alternativas apresentadas, percebe-se que se o objetivo da questão fosse avaliar apenas o tema da saída da Inglaterra da UE, os estudantes teriam que memorizar todos esses percentis oferecidos como alternativas, já que cada uma diz respeito a um aspecto do conteúdo tratado. Isso seria inviável e contraproducente para o desenvolvimento dos estudantes.

Para facilitar o entendimento daquilo que foi pensado para cada questão, desde 2014 o Relatório Síntese de Área do Inep traz a matriz de prova do Enade, na qual cada questão é articulada de acordo com um **Perfil**, uma **Competência** e até três **conteúdos**. Esses fatores podem ser definidos de acordo com o quadro a seguir, extraído na íntegra do relatório de 2017:

Definições de Perfil, Competência e Conteúdo utilizadas pelo Enade no Relatório Síntese de Área publicado em 2017:

Perfil	Conjunto de características esperadas do egresso da Educação Superior, construído na articulação entre uma base teórica e uma prática real, e que contempla a identidade pessoal e a identidade profissional
Competência	Mobilização reflexiva e intencional de diferentes recursos (conhecimento, saberes, habilidades, esquemas mentais, afetos, crenças, princípios, funções psicológicas, posturas e outros) necessários para o enfrentamento de uma situação-problema específica
Conteúdo	Conteúdos curriculares estabelecidos pelas Diretrizes Curriculares Nacionais dos cursos de graduação ou pelo Catálogo Nacional de Cursos Superiores de Tecnologia

> Considerando as definições do boxe anterior, o Relatório Síntese de Área de 2017 do Inep de 2017 traz a seguinte matriz para a questão referente a saída da Inglaterra da UE:
>
> | Perfil | Protagonista do saber, com visão do mundo em sua diversidade para práticas de letramento, voltadas para o exercício pleno de cidadania |
> |---|---|
> | Competência | Interpretar diferentes representações simbólicas, gráficas e numéricas de um mesmo conceito |
> | Conteúdo | Globalização e política internacional |
>
> Fonte: https://download.inep.gov.br/educacao_superior/enade/relatorio_sintese/2017/Formacao_Geral.pdf. Acesso em: 23 fev. 2023.

Observe como o conteúdo representa uma pequena parte do que é exigido do estudante para que possa resolver a questão. Se associarmos o tema "saída da Inglaterra da UE" com a competência mobilizada no item segundo a classificação do Inep ("interpretar diferentes representações simbólicas, gráficas e numéricas de um mesmo conceito"), fica claro que apenas saber sobre o tema não é suficiente para que o estudante chegue à resposta correta.

A chave para responder a essa questão de forma adequada não é entender de globalização e política internacional, mas, por meio do letramento visual, interpretar principalmente os eixos numéricos dos gráficos corretamente para que se possa prosseguir com os cálculos dos percentis.

Relacionando esse exemplo com nossa situação fictícia, imagine que o professor Carlos tenha interpretado os resultados dessa questão apenas à luz do conteúdo que ela aborda, mas que, na verdade, a grande dificuldade dos alunos seja interpretar o simbolismo dos gráficos. Se essa mesma questão fosse aplicada novamente, os estudantes provavelmente apresentariam os mesmos erros da primeira aplicação, mesmo que o tema fosse outro.

CONCEITUANDO COMPETÊNCIAS E HABILIDADES

De acordo com Perrenoud e Magne (1999), uma competência é "uma capacidade de agir eficazmente em um determinado tipo de situação, apoiada em conhecimentos, mas sem limitar-se a eles". Já as subunidades das competências, as habilidades, segundo Gianesi, Machado e Mallet (2021), são verbos, instruções detalhadas que designam uma ação, atributos apresentados pelos estudantes que lhes confere a capacidade de agir na resolução de situações-problema e a compreensão do objetivo da questão.

Em documentos educacionais, como planos de aula e instrumentos avaliativos, as habilidades se traduzem em verbos que comunicam ao estudante ações que ele deve desempenhar a respeito de determinado(s) conceito(s) ou tópico(s).

Esses termos não vêm para limitar o ensino, pelo contrário, segundo Zabala e Arnau (2010), eles desmistificam a visão simplista do aprendizado, que antes era limitada às ações de memorizar e compreender e apresentava uma visão dicotômica de conhecimentos e habilidades.

Essas definições se materializam na questão sobre a UE extraída do Enade. Nela, os conceitos são utilizados para a contextualização da situação-problema e as habilidades de interpretação e cálculo representam as ações delimitadas pelos autores e que devem ser desempenhadas pelos estudantes.

Como pudemos ver no exemplo analisado do Enade, a explicitação de habilidades mobilizadas em atividades avaliativas nos permite ter maior conhecimento sobre os processos mentais exigidos (no caso, a interpretação e o cálculo para a resolução da situação-problema), o que pode facilitar compreendermos onde os estudantes estão tendo dificuldade ou facilidade para a resolução das atividades. Esses processos, em geral, são os elementos-chave para o processo avaliativo, com foco na aprendizagem dos estudantes.

Mais um exemplo

Agora que já vimos um exemplo de como competências e habilidades são mobilizadas em atividades avaliativas, vamos analisar mais uma questão, do Enade 2014, extraída das questões de conhecimentos específicos do curso de Engenharia de Produção. Essa análise procura reforçar que competências e habilidades são mobilizadas, em qualquer atividade avaliativa, entre outros contextos, mesmo com a exigência de conhecimentos específicos de área.

 Enade 2014 – *Engenharia da Produção –* Questão 16

Uma indústria de blocos cerâmicos pretende utilizar queima de biomassa resultante de resíduos de madeira, para gerar energia térmica para seus fornos, que, atualmente, utilizam gás natural. Tal iniciativa poderá reduzir o consumo de combustível, porém será necessário um investimento no valor de 20% do consumo/ano atual de combustível visando à adaptação dos fornos. Além disso, o transporte anual dos resíduos da fonte geradora até a indústria irá custar 5% do consumo/ano atual de combustível. Estima-se que essa alteração promova uma economia, no consumo/ano atual de combustível, de 10% ao ano.

Da mesma forma que no exemplo de questão anterior, temos a seguir a matriz para a Questão 16, extraída do Relatório Síntese de Área de 2014:

Perfil	Atuar considerando aspectos políticos, econômicos, sociais, ambientais e culturais
Competência	Avaliar a viabilidade econômica de projetos de Engenharia
Conteúdo	Informática, Economia, Estudo de Viabilidade Técnica, Econômica e Ambiental

Fonte: https://download.inep.gov.br/educacao_superior/enade/relatorio_sintese/2014/2014_rel_engenharia_de_producao.pdf. Acesso em: 23 fev. 2023.

Capítulo 1 • Competências e Habilidades no Processo Avaliativo | **17**

De acordo com o texto-base, está claro que o contexto da pergunta está inserido no tema "viabilização de projetos sustentáveis de engenharia", que exige alguns conhecimentos conceituais. No entanto, além de saber premissas sobre essa viabilização, é exigido dos estudantes que eles saibam "**avaliar** a viabilidade econômica de projetos de Engenharia".

Para que os estudantes possam resolver adequadamente essa questão (bem como atividades que envolvam situações-problema análogas), será preciso que eles saibam realizar cálculos e que permitam traçar conclusões sobre esses cenários propostos. Ou seja: a competência "Avaliar a viabilidade econômica de projetos de Engenharia", nessa questão, desdobra-se nas habilidades de calcular e concluir.

Vamos dar uma olhada no restante do enunciado e nas alternativas propostas.

A partir da situação descrita, avalie as afirmações a seguir.

I. A partir do quinto ano, a indústria começaria a ter benefícios econômicos.

II. Na proposta apresentada, a indústria substituiria o combustível atual por uma fonte de energia com menor produção e emissão de partículas devido ao processo de combustão (particulados).

III. Na proposta apresentada, a indústria substituiria o combustível atual por uma fonte renovável de energia.

IV. O valor do investimento supera os benefícios promovidos com a economia de combustível durante os 5 primeiros anos.

É correto apenas o que ser afirma em:

A. II.
B. IV.
C. I e II.
D. I e III.
E. III e IV.

Gabarito: *alternativa D.*

Observe como os conhecimentos sobre projetos sustentáveis e emissões de carbono, conceitualmente falando, não são suficientes para responder corretamente à pergunta. A memorização de aspectos de produção de energia e emissão de gases, tratada nas afirmativas II e III, elimina, no máximo, três alternativas incorretas, dependendo da escolha do aluno. As demais envolvem cálculos utilizados nas avaliações de projetos que, se não trabalhados nas aulas com os estudantes, podem criar a seguinte situação: os alunos se deparam com assunto conhecido, mas exigido conjuntamente com habilidades que eles podem não dominar.

Talvez essa seja uma causa que ajuda a explicar o desempenho dos estudantes em nossa situação fictícia. Essa é apenas uma hipótese, mas que pode ser levada em consideração na análise dos dados. Afinal, ali, os conteúdos foram cobertos, revistos e os alunos engajados. O que não tinha sido explorado na situação, mas foi sugerido por um professor, é observar o desempenho dos estudantes a partir das competências e habilidades mobilizadas para a resolução de cada uma das questões.

TUDO ISSO TEM A VER SÓ COM O ENADE?

A avaliação de competências e habilidades que as compõem não dizem respeito apenas ao Enade. Usamos o exame como ponto de partida, pois se trata de uma prova nacional muito conhecida, que envolve diversos cursos de graduação em todo o país. Além disso, de uns anos para cá, o Inep passou a publicar as competências e habilidades mobilizadas nas questões do Enade, deixando explícita uma relação que entendemos como fundamental como parte do processo de desenvolvimento de um currículo por competências.

É muito importante ressaltar que em todas as atividades avaliativas (não só) estão sendo mobilizadas competências e habilidades. Essa afirmação pode ser confrontada, de imediato, com uma constatação: como docentes, muitas vezes não pensamos nisso ao formular nossas avaliações.

Sem dúvida, essa é uma realidade. A maior parte dos docentes tem muita clareza sobre os temas/conteúdos exigidos nas avaliações, mas não leva em conta quais habilidades estão sendo mobilizadas. Essa tradição só torna o desafio mais amplo: não temos essa consciência, mas estamos exigindo competências e habilidades em nossas avaliações. Afinal, quando fazemos correções, o que estamos considerando? O que os alunos sabem ou não sabem fazer, não é mesmo? Os chamados "erros" estão totalmente centrados no que o estudante não sabe fazer, seja na totalidade ou em parte.

De forma muito simplificada, podemos dizer que esse "saber fazer" diz respeito a competências e habilidades exigidas nas atividades. Ou seja: exigimos algo dos estudantes e nem temos consciência disso. Além disso, norteamos nossas correções nesse aspecto, que nem mesmo somos capazes de identificar.

Esse talvez seja um dos objetivos centrais deste livro: auxiliar os docentes a desenvolver processos avaliativos mais conscientes, que de fato possam ser base para coletas de dados que ajudem os professores a intervir em resultados de aprendizagem não desejados.

Outra pergunta que pode estar latente nesse momento: por que não reconheço competências e habilidades em minha atuação docente, por mais que propostas como "desenvolver o currículo por competências" sejam cada vez mais comentadas?

Essa é uma pergunta complexa, para qual não temos uma reposta satisfatória no escopo desta obra. Porém, está em nosso escopo aproximar as práticas avaliativas das competências e habilidades, com base nas atividades avaliativas que já são realizadas em todos os bimestres/semestres letivos.

E já há uma luz no fim do túnel: os objetivos de aprendizagem, presentes em todos os planos de ensino e de aula, são nosso ponto de partida para todo esse processo. De uma forma sintética e simplificada: **objetivos de aprendizagem são as competências e habilidades que escolhemos para desenvolver no currículo**.

As competências, nessa perspectiva, podem ser interpretadas como os objetivos de aprendizagem dos programas, as "grandes capacidades" que uma proposta curricular pretende desenvolver. Já as habilidades podem ser relacionadas aos objetivos de aprendizagem das disciplinas, as ações que serão praticadas e avaliadas no decorrer da duração dessas unidades curriculares.

 **Vamos praticar?**

Com base na Questão 1 de Fundamentação Geral do Enade 2019 e no gabarito a seguir, analise a(s) habilidade(s) e o conceito(s) que está(ão) sendo avaliados:

Enade 2019 – *Questão 1*

Conforme dados do Atlas da Violência 2019, apresentados no gráfico a seguir, verifica-se o crescimento no número de homicídios de mulheres no país durante o período de 2007 a 2017. Nesse período, a taxa de homicídios entre as mulheres negras cresceu mais do que a taxa de homicídios entre as mulheres não negras. A classificação de raça/cor do IBGE agrega negras como a soma de pretas e pardas e não negras como a soma de brancas, amarelas e indígenas.

Figura 1.3 Questão 19 de Fundamentação Geral do Enade 2019.

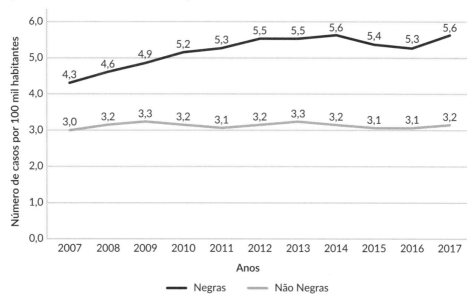

Fonte: https://download.inep.gov.br/educacao_superior/enade/provas/2019/AGRONOMIA.pdf. Acesso em: 23. fev. 2023.

Instituto de Pesquisa Econômica Aplicada (Ipea); Fórum Brasileiro de Segurança Pública (orgs.). *Atlas da violência 2019*. Brasília: Ipea, 2019 (adaptado).

Considerando as informações apresentadas, avalie as asserções a seguir e a relação proposta entre elas.

I. O maior crescimento dos casos de homicídios de mulheres negras em comparação com os casos de mulheres não negras indica a relevância dos estudos a respeito das múltiplas variáveis relacionadas a este fenômeno social.

Porque

II. A análise do gráfico permite concluir que, no início da série histórica, havia um contexto favorável à superação da situação social de maior vulnerabilidade da mulher negra, em razão da menor diferença entre as taxas de homicídios.

A respeito dessas asserções, assinale a opção correta.

A. As asserções I e II são verdadeiras, e a II é uma justificativa correta da I.
B. As asserções I e II são verdadeiras, mas a II não é uma justificativa correta da I.
C. A asserção I é uma proposição verdadeira e a II é uma proposição falsa.
D. A asserção I é uma proposição falsa e a II é uma proposição verdadeira.
E. As asserções I e II são falsas.

Gabarito: *alternativa C.*

Para começar, em uma reflexão inicial, qual(is) é(são) o(s) conceito(s) ou tema(s) que parece(m) estar envolvido(s) na resolução da questão?

Qual(is) é(são) a(s) ação(ões) cognitiva(s) que o estudante deve exercitar para resolver a questão? Ele precisa **lembrar** de algum conceito? Precisa **calcular** algum índice? Precisa **interpretar** o gráfico?

Dicas:

- Lembre-se de refletir sobre o texto-base, o enunciado e a resposta do gabarito, e, no caso de a resposta refletir uma habilidade diferente daquela aparente no enunciado, o gabarito é que determina qual(is) habilidade(s) está(ão) sendo exercitada(s) de fato para se chegar naquela resposta.

- As respostas para essas perguntas correspondem aos itens Competência e Conteúdo da matriz de prova disponibilizada pelo Enade no Relatório Síntese de Área. Se for necessário, volte à tabela para clarificação dos conceitos de cada item.

Resultado do exercício, extraído do Relatório Síntese de Área do Enade (2019):

Conceitos	Ética, democracia e cidadania; sociodiversidade e multiculturalismo.
Competências	Analisar e interpretar representações verbais, não verbais, gráficas e numéricas de fenômenos diversos.

 Faça você mesmo

Utilizando uma avaliação de sua autoria, analise as diferentes partes que compõem uma questão avaliativa. Ao fazer a análise, utilize o modelo do Quadro 1.3 para facilitar a separação desses componentes.

Observe que cada linha representa uma questão da sua avaliação.

Capítulo 1 • Competências e Habilidades no Processo Avaliativo | 21

Quadro 1.3 Diferentes componentes de uma questão avaliativa

#Questão	Enunciado da questão	Conceito	Habilidade(s)	Alinhamento com o plano de aula
16	A partir da situação descrita, avalie as afirmações a seguir (...)	Atuar considerando aspectos políticos, econômicos, sociais, ambientais e culturais	Avaliar a viabilidade econômica de projetos de Engenharia	Sim

O **enunciado** é o componente da questão que apresenta, de maneira clara, a orientação para a solução da situação-problema proposta. Pode se apresentar na forma de pergunta ou não, mas obrigatoriamente deve mostrar uma ação a ser desempenhada pelo estudante.

A exemplo das questões do Enade, o enunciado pode vir acompanhado de um texto-base. Este representa um texto, uma imagem ou um gráfico que auxilia na contextualização do problema proposto. O texto-base geralmente contém, mais explicitamente, os conteúdos mobilizados na questão, deixando que as ações sejam explicitadas no enunciado.

A seguir temos um *checklist* que pode ser utilizado na análise dos conceitos e das habilidades de questões de sua autoria e um esquema que representa as etapas do mesmo *checklist*, mas preenchido para exemplificação.

Checklist

- A questão escolhida mobiliza qual(is) conceito(s)?
- O(s) conceito(s) mobilizado(s) na questão está(ão) previsto(s) no plano de aula?
- Que tipo de ação(ões) o estudante deve ser capaz de fazer para resolver a questão corretamente? Calcular? Lembrar? Aplicar? Em outras palavras: qual(is) habilidade(s) é(são) mobilizada(s)?
- Essa(s) habilidade(s) está(ão) prevista(s) no plano de aula? Para tanto, procure localizá-la(s) em seus objetivos de aprendizagem.

Figura 1.4 Fluxo de verificação de aspectos da qualidade de uma questão avaliativa.

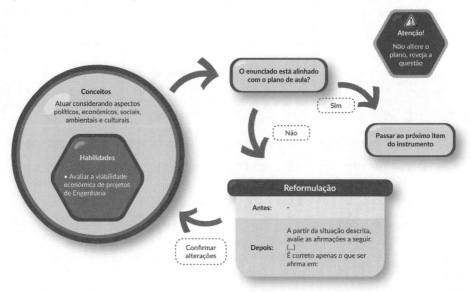

Fonte: elaborada pelas autoras com base nos dados do Relatório Síntese de Área do Inep 2014 do curso de Engenharia da Produção – Questão 16 do Componente Específico.

 O que você aprendeu neste capítulo?

Neste capítulo, aprendemos como um mau desempenho em avaliações não necessariamente significa um *gap* no conteúdo apresentado aos estudantes. No processo de ensino-aprendizagem, estamos sempre solicitando aos estudantes que mobilizem competências e habilidades, mesmo que as mais simples, como memorização. A consciência dessas competências permite o alinhamento dos objetivos da disciplina com as avaliações, facilitando a identificação das dificuldades dos estudantes na gestão da aprendizagem.

 Referências

BERGSMANN, E.; SCHULTES, M. T.; WINTER, P.; SCHOBER, B.; SPIEL, C. Evaluation of competence-based teaching in higher education: from theory to practice. *Evaluation and Program Planning*, v. 52, p. 1-9, 2015.

GIANESI, I.; MACHADO, J.; MALLET, D. *Formação de professores no desenho de disciplinas e cursos*: foco na garantia de aprendizagem. São Paulo: Atlas, 2021.

GOVAERTS, M. J. B. Competence in assessment: beyond cognition. *Medical Education*, v. 50, p. 502-504, 2016.

INSTITUTO NACIONAL DE ESTUDOS E PESQUISAS EDUCACIONAIS ANÍSIO TEIXEIRA (Inep). *Guia de elaboração de itens Provinha Brasil*. Brasília, 2012.

INSTITUTO NACIONAL DE ESTUDOS E PESQUISAS EDUCACIONAIS ANÍSIO TEIXEIRA (Inep). *Guia de elaboração e revisão de itens*. Brasília, 2012.

MARINHO-ARAUJO, C. M.; RABELO, M. L. Avaliação educacional: a abordagem por competências. *Avaliação*, v. 20, n. 2, p. 443-466, 2015.

MARINHO-ARAUJO, C. M.; RABELO, M. L. Avaliação de perfil e de competências dos estudantes da educação superior no Brasil: a matriz de referência nas provas do Enade. *Psicologia, Educação e Cultura*, v. XX, p. 9-26, 2016.

PERRENOUD, P.; MAGNE, B. C. *Construir*: as competências desde a escola. Porto Alegre: Artmed, 1999.

ZABALA, A.; ARNAU, L. *Como aprender e ensinar competências*. Porto Alegre: Artmed, 2010.

Capítulo 2

OBJETIVOS DE APRENDIZAGEM E SUAS PRINCIPAIS CARACTERÍSTICAS

OBJETIVOS DE APRENDIZAGEM DO CAPÍTULO

1. Relacionar competências, habilidades e objetivos de aprendizagem de programas e disciplinas.
2. Compreender traços característicos de objetivos de aprendizagem.
3. Analisar objetivos de aprendizagem.

"Vou falar sobre o que ouço, mesmo sem conseguir ver como isso se faz na prática"

Em diversos eventos educacionais, Patrícia sempre ouve falar sobre ensinar por competências e habilidades. Mesmo que haja os "assuntos do momento", esse tema acaba retornando de uma forma ou de outra. Ela, como coordenadora de um curso de Engenharia Civil há dez anos, acha as apresentações interessantes, mas nada práticas. Afinal, o que ela tem visto desde quando começou a lecionar (e mesmo enquanto aluna) são disciplinas organizadas pelos grandes conteúdos que o estudante precisa saber.

Na própria organização das matrizes, essa é a lógica: "devemos estar alinhados às DCNs do curso", nas quais aparecem as competências e as habilidades previstas para o egresso. Fazemos o projeto pedagógico e, para tanto, já selecionamos as disciplinas, tentando cobrir os conteúdos centrais de cada grande área de conhecimento do curso em questão.

Não é que quando ela escuta sobre competências e habilidades o que é dito não faz sentido. Mas, em seu entender, não é o foco das instituições de ensino superior. A faculdade está ali para passar a base; o resto vem com a prática já no mundo do trabalho.

Esse ano, ela foi convidada pela pró-reitoria acadêmica para fazer uma palestra de abertura específica para os cursos considerados mais quantitativos (o que na universidade onde trabalha significa algumas engenharias, tecnólogo em Gestão e Tecnologia da Informação e o próprio curso que coordena).

A solicitação que recebeu foi que ela fizesse uma palestra sobre "como desenvolver competências e habilidades nos currículos". Patrícia já sabe o que vai dizer, mais ou menos: o que ela já tem ouvido muito nos eventos e lido em diversos materiais que consulta. Todavia, o incômodo que fica pode se traduzir da seguinte forma: "vou falar sobre o que ouço, mesmo sem conseguir ver como isso se faz na prática, de forma mais concreta".

 O que pode estar acontecendo nessa situação?

O que está acontecendo com a professora Patrícia ilustra algo bastante comum nas práticas das instituições de ensino superior e, de forma geral, no contexto da educação universitária brasileira (provavelmente não só no Brasil e não apenas no ensino superior): competências e habilidades são um tema recorrente, o qual a maioria dos profissionais e instituições de ensino não entende como trazer para as práticas educacionais.

A situação é especialmente ilustrativa dos dilemas que essa temática provoca: todos concordam e percebem que profissionais são exigidos por competências, inclusive comportamentais: o profissional sabe "analisar e resolver problemas complexos"?, "Trabalhar em equipe"?, "Tem visão sistêmica e pensamento crítico"?, "Tem boa comunicação"?, "É capaz de promover uma transformação digital em dada empresa"?, só para citar algumas. Por outro lado, não é claro como as instituições educacionais podem contribuir com esse desenvolvimento. Afinal, a escola é uma base de formação de conhecimento ou pode (e deve) contribuir para o desenvolvimento de competências? Ou, melhor ainda: desenvolver competências e habilidades é, fatalmente, desprezar os conhecimentos?

Não é nosso objetivo nesta obra discutir por que nosso contexto educacional vem vivenciando essa situação há um tempo considerável, e sim, procurar trazer uma discussão que possa auxiliar nossos leitores a traçar possibilidades de relacionar, de forma efetiva, competências, habilidades e conhecimentos com os currículos e suas disciplinas.

DAS COMPETÊNCIAS E HABILIDADES PREVISTAS NAS DCNS A UMA PROPOSTA CURRICULAR: POSSÍVEIS RUPTURAS NO CAMINHO

A organização de Diretrizes Curriculares Nacionais (DCNs), desde 2001, vem inserindo de forma gradual a perspectiva do desenvolvimento de competências e habilidades nos perfis de egressos a serem formados pelas instituições de ensino superior no Brasil. Em algumas Diretrizes, temos competências e habilidades associadas a temas/conteúdos que precisam ser abordados nas propostas curriculares (por exemplo, curso de Medicina Veterinária: Resolução CNE/CES nº 3, de 15 de agosto de 2019). Em outras, praticamente não encontramos conteúdos explicitamente mencionados (como no curso de Administração: Resolução CNE/CES nº 5, de 14 de outubro de 2021).

Essas diferenças nos parecem naturais, respeitando o processo de transformação de cada área e o ritmo de atualizações que se fazem necessárias. Apesar das diferenças na ênfase em competências e habilidades nas DCNs de diferentes cursos, esses conceitos e suas implicações tendem a estar cada vez mais presentes nas Diretrizes, bem como em outras discussões, estudos e propostas voltadas à formação de profissionais, dentro e fora do país.

Uma das referências que contribui para o desenvolvimento e a atualização das DCNs, mesmo que de maneira indireta, e considerando que o Brasil é um país-membro da organização, é a Organização para a Cooperação e Desenvolvimento Econômico (OCDE, sigla em português), que tem pesquisas e estudos sobre educação, seus diferentes níveis de ensino (como básico e superior), como também gera indicadores a respeito de habilidades desejadas para os estudantes. Na Figura 2.1, temos um exemplo de um dado da publicação de 2022 a respeito da distribuição de alunos do ensino superior entre os níveis de ensino.

Centrando agora nas instituições de ensino superior brasileiras, em seus Projetos Pedagógicos de Cursos (PPCs), ao definir os perfis de egressos, são definidas as competências e as habilidades que se pretende desenvolver nos futuros profissionais. Ainda no PPC, são definidas as disciplinas que vão compor a matriz curricular, entre outras decisões importantes para o curso.

Nessa passagem do PPC para a organização da matriz curricular costuma ocorrer uma ruptura entre o perfil do egresso almejado e o que de fato será desenvolvido nas disciplinas. Essa ruptura pode se dar por diferentes razões, mas nosso objetivo neste capítulo não é discutir as causas, e sim perceber que a ruptura aconteceu.

O que estamos denominando **ruptura** é a falta de alinhamento entre as competências e habilidades previstas para os egressos do curso e os objetivos de aprendizagem, seja do programa, seja das disciplinas. Em geral, provavelmente por desconhecimento, não é claro que esse alinhamento precisa ocorrer, para que, de fato, os objetivos possam favorecer o desenvolvimento das competências e das habilidades previstas no perfil do egresso.

Figura 2.1 Distribution of tertiary students enrolled by education level (2020).

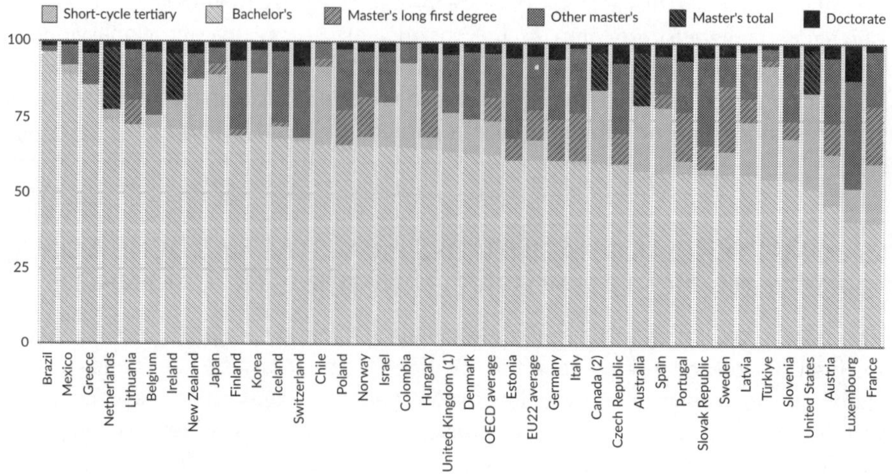

![Figura 2.1 - gráfico de barras empilhadas mostrando a distribuição de estudantes do ensino superior por nível educacional em diversos países]

Fonte: OECD. *Education at a Glance 2022*: OECD Indicators. Paris: OECD Publishing, 2022. Disponível em: https://doi.org/10.1787/3197152b-en. Acesso em: 29 jun. 2023.

 Como vimos no capítulo anterior

Competências e habilidades são mobilizadas pelas pessoas constantemente, em suas atividades cotidianas. No entanto, quando um conjunto de competências e habilidades são organizadas em um DCN de curso, elas passam a ser entendidas como um "norte" central para o desenvolvimento de currículos nas instituições que se propõe a ofertar o curso em questão.

Dizendo de outro modo: no dia a dia, estamos mobilizando habilidades e competências. No entanto, muitos desses usos são adquiridos sem um processo formal de aprendizado. Esse processo organizado de aprender não costuma se dar no contexto escolar e traz diversas implicações. Ao se apropriar de competências e habilidades indicadas em uma DCN, uma proposta curricular de dada instituição indica que ela passa a se responsabilizar pelo desenvolvimento das competências e das habilidades. Isso implica, entre outros aspectos, que será preciso desenhar e implementar um currículo que se proponha a desenvolver essas competências e habilidades previstas nos estudantes, por meio das experiências de aprendizagem que serão propostas no conjunto de disciplinas a serem ofertadas. Nessa perspectiva, as competências previstas, o chamado perfil do egresso, passam a ser os objetivos de aprendizagem do programa. As habilidades, por sua vez, passarão a ser (ou a nortear) os objetivos de aprendizagem das disciplinas.

Importante ressaltar que essa mudança na nomenclatura não é apenas uma "troca de nomes". Entendemos que há uma diferença essencial: ao transformarmos competências e habilidades em objetivos de aprendizagem (dos programas e suas disciplinas), passamos a assumir, como instituição, que temos uma proposta curricular para desenvolvê-los e que vamos avaliar se esse desenvolvimento está ou não acontecendo. Caso não esteja acontecendo conforme a expectativa institucional, precisaremos intervir, para que a experiência curricular possa, de forma mais efetiva, gerar o aprendizado almejado.

OBJETIVOS DE APRENDIZAGEM E PLANEJAMENTO

Pressupondo que objetivos de aprendizagem de programas e disciplinas traduzem as competências previstas no perfil dos egressos, o planejamento é um passo importante para que não aconteça a ruptura mencionada anteriormente. E, para que ela não aconteça, é fundamental manter o alinhamento entre os objetivos de aprendizagem de programas e disciplinas (Figura 2.2).

Para o programa, seus objetivos funcionam como "grandes direcionadores", uma vez que indicam capacidades mais complexas (analisar e resolver problemas, escrever, trabalhar em equipe etc.); já os objetivos das disciplinas focam no conjunto de ações que, funcionando conjuntamente, permitem aos estudantes demonstrar as capacidades maiores (por exemplo, para analisar e resolver um problema, é preciso formulá-lo adequadamente, gerar hipóteses, coletar dados para testá-las, entre outras. Esse conjunto de ações cognitivas contribuem para que o estudante seja capaz de analisar problemas para propor possibilidades plausíveis e consistentes para solucioná-los).

No planejamento institucional do curso está o PPC, que traz, entre outras informações, os objetivos de aprendizagem do curso (o perfil do egresso já em uma proposta de currículo organizado em disciplinas). Já os planos de ensino e de aulas organizam como cada uma das disciplinas se propõe a contribuir com o desenvolvimento dos objetivos de programa.

Infelizmente, essa premissa não costuma funcionar na prática, e todo esse planejamento acaba se tornando uma burocracia, não uma proposta articulada de currículo para o efetivo desenvolvimento do perfil do egresso.

No planejamento das disciplinas, um dos elementos centrais deve ser "objetivos de aprendizagem". São eles que têm o potencial de manter o elo entre o que se almeja que o estudante seja capaz de fazer ao final de curso com o que, efetivamente, acontece na sala de aula em prol desse desenvolvimento.

Figura 2.2 Relação entre DCN, currículo, disciplina, competências e habilidades.

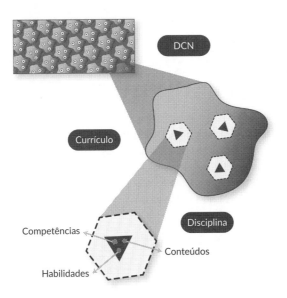

30 | Avaliação para Gestão da Aprendizagem no Ensino Superior

Os objetivos de aprendizagem das disciplinas são unidades que direcionam o professor e os estudantes no processo de ensino e aprendizagem, respectivamente. Esses objetivos indicam o que o estudante deve ser capaz de desempenhar ao final do período letivo. E essas "pequenas capacidades" deveriam estar alinhadas às "grandes capacidades" previstas no currículo (como vimos no exemplo "análise e resolução de problemas").

Aprofundando nossos conhecimentos no assunto, é importante ressaltar que a elaboração de objetivos de aprendizagem deve ser norteada por três premissas principais: eles devem ser **claros**, **mensuráveis** e exigem determinado **nível cognitivo**.

De acordo com Gianesi, Massi e Mallet (2021), um objetivo claro é entendido por todos os professores que ministram a disciplina e também pelos estudantes que irão cursá-la. Uma vez que, para exercer a regulação do aprendizado, esses últimos precisam ter consciência de onde estão e o que devem alcançar de acordo com aquele(s) objetivo(s).

Para nos ajudar a entender essas premissas, observe os objetivos extraídos de um plano de aula da University College Cork (Irlanda), escritos pelo professor doutor Edmond Byrne (tradução livre das autoras):

Título do Módulo: Termodinâmica Aplicada e Mecânica dos Fluidos

Após a conclusão bem-sucedida deste módulo, **os estudantes** devem ser capazes de:

- **Avaliar** qualquer sistema de tubulação em relação a diferenciais de pressão e taxas de fluxo de fluido e **projetar** um sistema de tubulação de bomba para fluxo laminar ou turbulento, monofásico ou multifásico de fluido newtoniano ou não newtoniano por meio de sistemas de tubulação retos, ramificados ou em rede.

- **Selecionar** bombas apropriadas para a variedade de tipos de processos encontrados nas indústrias de processo.

- **Categorizar** diferentes sistemas de escoamento rudimentares de modo a empregar as equações de Navier-Stokes, que, por sua vez, descrevem esses sistemas. **Demonstrar** também como essas equações podem ser aplicadas a sistemas mais complexos usando o *software* Computational Fluid Dynamics.

- **Descrever** a natureza do escoamento compressível de alta velocidade e **projetar** um escoamento estrangulado.

Ao refletirmos sobre os objetivos de aprendizagem do módulo "Termodinâmica Aplicada e Mecânica dos Fluidos", conseguimos extrair alguns aspectos que são determinantes na qualidade desses objetivos. Eles seguem as premissas do aprendizado centrado no aluno (*Student-Centered Learning*). Ou seja, dizem respeito a ações exclusivamente esperadas dos estudantes (e não do docente) no processo de aprendizagem. Tomemos como exemplo o primeiro objetivo de aprendizagem:

- **Avaliar** qualquer sistema de tubulação em relação a diferenciais de pressão e taxas de fluxo de fluido e **projetar** um sistema de tubulação de bomba para fluxo laminar ou turbulento, monofásico ou multifásico de fluido newtoniano ou não newtoniano por meio de sistemas de tubulação retos, ramificados ou em rede.

Verbo de ação	Conhecimentos mobilizados
Avaliar	Qualquer sistema de tubulação em relação a diferenciais de pressão e taxas de fluxo de fluido
Projetar	Um sistema de tubulação de bomba para fluxo laminar ou turbulento, monofásico ou multifásico de fluido newtoniano ou não newtoniano por meio de sistemas de tubulação retos, ramificados ou em rede

Clareza

Os processos avaliativos são o momento em que a falta de objetivos claros torna mais complexo o processo: mesmo que não tenhamos clareza, estamos, sempre, solicitando que os alunos façam algo nas avaliações. Se olharmos nossos enunciados, os verbos utilizados procuram instruir os estudantes, indicando o que esperamos que eles façam para resolver as atividades propostas.

Quando não temos clareza das ações que presumimos que os alunos devem realizar em uma atividade avaliativa, ela tem alto potencial de se limitar a seu aspecto normativo: ser um momento determinante na aprovação ou reprovação dos estudantes, mas que tem pouca utilidade para, de fato, trazer informações sobre o que gostaríamos que eles soubessem fazer ao final da disciplina.

O primeiro aspecto a ser notado é que um objetivo de aprendizagem deve indicar o que o estudante deve fazer, ação expressa por meio de um verbo no infinitivo. Além disso, um objetivo claro indica o conteúdo/conhecimento a ser mobilizado para que a ação se realize, conforme podemos ver no exemplo mencionado anteriormente.

A clareza de um objetivo de aprendizagem contribui para desmistificar a visão que classifica conhecimentos e objetivos de aprendizagem como mutuamente excludentes. No exemplo anterior, é possível observar como as ações de "avaliar e projetar qualquer sistema de tubulação com base na pressão e nas taxas de fluxo de fluido" estão vinculadas ao conhecimento dos fluidos newtonianos e dos diferentes tipos de sistemas de tubulação, mas que poderiam estar vinculadas a outros conteúdos dentro do mesmo contexto da Física.

Além disso, a infinidade de verbos disponíveis proporciona uma flexibilidade de ações e a exploração de diferentes níveis cognitivos utilizando o mesmo conteúdo. Um aprendizado essencialmente conteudista dificilmente consegue sair dos níveis cognitivos mais basais como memorização.

Mensurabilidade

Mensurabilidade é a capacidade de medir ou quantificar o desempenho dos estudantes de forma objetiva e precisa. Portanto, um objetivo de aprendizagem mensurável é um objetivo que é claramente definido e pode ser avaliado de forma objetiva. Isso significa que é possível medir ou avaliar o progresso em relação ao objetivo usando critérios específicos e observáveis. Com base nesse objetivo, o professor pode criar uma avaliação para verificar se o aluno o atingiu.

Exemplo de objetivo de aprendizagem mensurável para uma disciplina de Matemática do ensino médio seria:

* O aluno será capaz de resolver problemas de matemática envolvendo equações lineares com uma variável.

Nesse exemplo, o objetivo de aprendizagem é composto pelos seguintes elementos:

* **Habilidade ou ação**: resolver problemas.

* **Conteúdo**: equações lineares com uma variável, ou equações de primeiro grau.

Partindo de um bom exemplo, parece ser trivial escrever um bom objetivo de aprendizagem. Porém, em contrapartida, observemos uma outra situação. Veja o contraexemplo a seguir, extraído de uma disciplina de Introdução à Contabilidade Financeira, da Universidade da Califórnia, em Berkeley:

* **Compreender** os métodos, regras e processos utilizados para desenvolver relatórios de contabilidade financeira.

* **Interpretação** e **análise** de relatórios contábeis.

* **Consciência do julgamento envolvido** e da discrição permitida na escolha do método do relatório financeiro, fazer estimativas e divulgar informações nas demonstrações financeiras.

(Tradução livre das autoras)

Há alguns verbos que não são considerados mensuráveis porque não representam uma ação exposta pelo estudante. Esse é o caso do verbo **compreender**, utilizado no contraexemplo feito anteriormente. Como podemos mensurar o aprendizado se a ação de compreender não pode ser mobilizada de maneira que o professor possa ver e avaliar? Um verbo mensurável é aquele que o estudante expõe o conhecimento sobre o assunto por meio de representações externas (fala, escrita, desenho etc.).

Nos demais objetivos de aprendizagem, não há um verbo indicando a ação que o estudante deve expressar. Nesse caso, os itens não podem ser considerados objetivos de aprendizagem: não são claros, nem mensuráveis.

Nível cognitivo

O nível cognitivo se refere ao grau de complexidade dos processos mentais exigidos pelo objetivo de aprendizagem (Figura 2.3). O conceito de nível cognitivo está ligado ao desenvolvimento cognitivo, que se refere às mudanças nas habilidades cognitivas ao longo do tempo. Segundo a teoria do desenvolvimento cognitivo de Piaget, por exemplo, as crianças passam por diferentes estágios de desenvolvimento cognitivo, cada um com características específicas em termos de processos mentais e estratégias de resolução de problemas.

A compreensão do nível cognitivo de um objetivo é importante para o planejamento e a avaliação da aprendizagem, uma vez que diferentes níveis cognitivos requerem diferentes estratégias de avaliação. Por exemplo, uma atividade projetada para alunos com um nível cognitivo mais avançado pode ser muito fácil para alunos com um nível cognitivo mais baixo e vice-versa.

No caso do objetivo de aprendizagem tomado como exemplo em nossa discussão, foi feita uma relação entre as habilidades "analisar" e "projetar". A ordem em que foi redigido o objetivo de aprendizagem deixa clara a hierarquia entre as ações: primeiro os estudantes devem avaliar os sistemas de tubulação em relação aos diferenciais de pressão e taxas de fluxo de fluido. De posse do resultado dessa avaliação, eles devem projetar (ou criar) um sistema de tubulação de bomba. Percebe-se que ele passa de um objetivo, que, segundo a Taxonomia Revisada de Bloom, é de nível cognitivo médio (aplicar) para um objetivo de nível cognitivo mais complexo (criar).

Figura 2.3 Alinhamento do objetivo de aprendizagem.

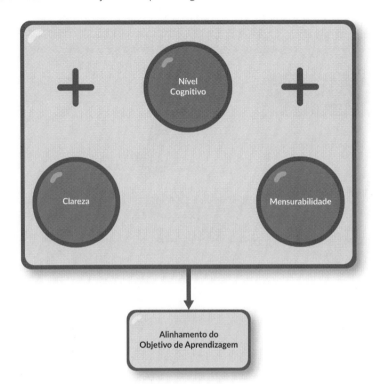

CONTEÚDOS E OBJETIVOS DE APRENDIZAGEM

Ao organizar o planejamento de uma disciplina, o professor indica objetivos de aprendizagem, subdividindo-os, por vezes, em gerais e específicos. Essa é uma das informações que são inseridas, mas talvez seja uma das primeiras a ser abandonada no dia a dia. No planejamento das dinâmicas das aulas, nas avaliações propostas e eventuais *feedbacks* de aprendizagem, é comum que os objetivos sejam esquecidos, dando lugar aos conteúdos programáticos a serem ensinados.

Como vimos, orientar nossa prática por objetivos de aprendizagem não significa excluir conteúdos. Significa, sim, passar a dar foco na aprendizagem, no desenvolvimento de capacidades que desejamos que os estudantes desenvolvam durante as disciplinas. Para isso, os objetivos são o norte, os elementos centrais que deveriam nortear as dinâmicas das aulas e os processos de avaliação e *feedback*. Na Figura 2.4, temos uma demonstração de como essa mudança poderia ocorrer, passando de um formato em que o elemento central é o conteúdo para um formato em que as dinâmicas e a associação aos objetivos ficam em maior evidência.

34 | Avaliação para Gestão da Aprendizagem no Ensino Superior

Figura 2.4 Esquema de transição de uma disciplina focada apenas em conteúdos teóricos para uma abordagem focada em habilidades.

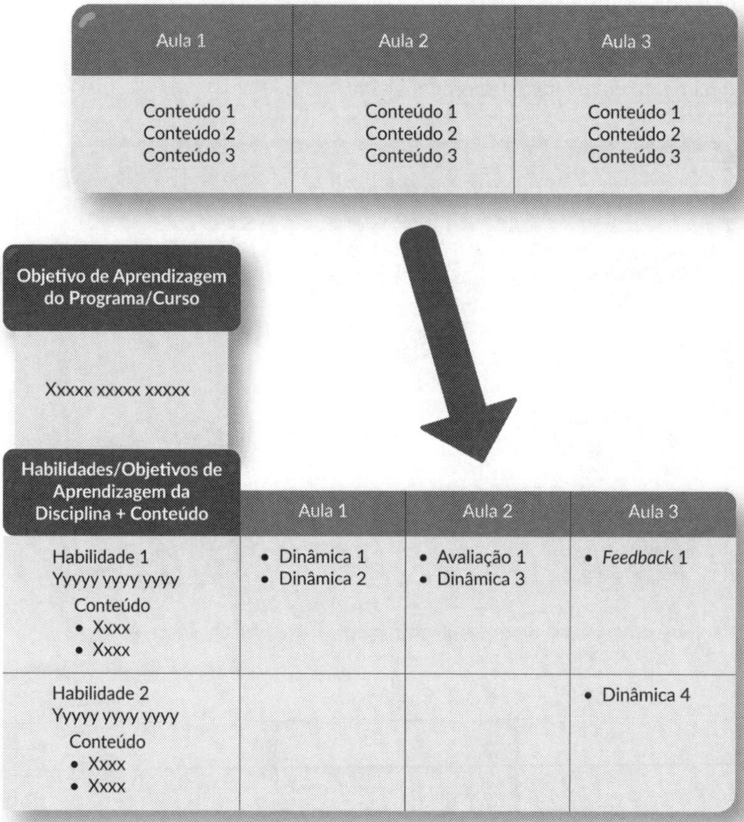

Refletir sobre a composição dos objetivos de aprendizagem é um exercício muito importante. Somente com a prática seremos capazes de fazer essa reflexão de maneira mais consciente. Por isso, aproveite essa oportunidade para refletir sobre o objetivo a seguir:

Curso	Direito
Nome da disciplina	Criminologia Crítica
Objetivo de aprendizagem	Analisar a estrutura do Direito Penal moderno e cometimento de ilícitos a partir de uma perspectiva sociológica e crítica

Fonte: NGA. *Materiais para AoL*. Insper, 2022.

Vamos praticar?

Utilizando o objetivo de aprendizagem da disciplina de Criminologia Crítica que acabamos de ver, preencha a tabela a seguir.

Verbo de ação	Contexto ou conteúdo

Com a ajuda da tabela, responda às seguintes perguntas:

1. No objetivo em análise, o professor explicita o que estudantes devem ser capazes de fazer ao final do módulo?
2. Sabendo que são estudantes de Direito, eles conseguiriam entender o que o professor espera que eles sejam capazes de fazer ao final do módulo?

Respostas:

1. Sim. O professor utiliza um verbo de ação e explicita o contexto em que os estudantes devem desempenhá-la. Nesse caso, o verbo de ação é "interpretar" e o contexto é o de casos de Direito Penal irlandês, estatutos e recomendações de políticas em termos sociolegais.

2. Sim. Aparentemente, o objetivo foi escrito em uma linguagem clara e com termos que um estudante de Direito seria capaz de interpretar. Além disso, o contexto de aplicação do verbo parece bem específico e delimitado.

Faça você mesmo

Agora, vamos fazer uma reflexão sobre um objetivo a sua escolha e uma intervenção, caso necessário. Para tal, busque um objetivo de aprendizagem de sua disciplina. Com ele em mãos, reflita sobre seus diferentes componentes e preencha a tabela a seguir.

Verbo de ação	Contexto ou conteúdo

Em seguida, reflita e responda às seguintes perguntas:

1. Como professor, consigo identificar claramente o que eu espero que meus estudantes sejam capazes de fazer ao final da minha disciplina? Se não, isso ocorre por que o contexto de aplicação está muito amplo ou o verbo não consegue traduzir exatamente a habilidade que os estudantes devem expressar?

2. Meus estudantes conseguiriam entender o que espero que eles sejam capazes de fazer ao final dessa disciplina? Se não, como eu poderia redigir melhor esse objetivo em uma linguagem que meus estudantes sejam capazes de entender, sem perder de vista as premissas de um objetivo de aprendizagem adequadamente formulado?

Com as repostas, faça as alterações necessárias na tabela que preencheu anteriormente.

Por fim, a partir do estabelecimento dos objetivos de aprendizagem é que conseguimos nortear o planejamento das aulas e das dinâmicas que serão utilizadas para exercitar esses objetivos. É muito importante que, no momento desse planejamento, não se perca de vista seus objetivos de aprendizagem.

 Checklist

- Tenha clareza do que são objetivos de aprendizagem e seus verbos de ação.
- Verifique se há uma associação plausível entre as habilidades pretendidas e seu conteúdo associado.

 O que você aprendeu neste capítulo?

Neste capítulo, aprendemos o que são objetivos de aprendizagem e a importância de não se perder o alinhamento entre os objetivos de aprendizagem propostos nos planos de ensino e de aula com os objetivos de aprendizagem do programa no qual dada disciplina se insere.

Também aprendemos quais são as características essenciais de um bom objetivo de aprendizagem: a clareza, a mensurabilidade e o nível cognitivo. Esses elementos serão essenciais para o alinhamento entre os objetivos e as avaliações da aprendizagem.

 Referências

ANDERSON, L. W.; KRATHWOHL, D. R. *A Taxonomy for learning, teaching, and assessing*: a revision of Bloom's Taxonomy of educational objectives. New York: Longman, 2001.

GIANESI, I. G.; MASSI, J. M.; MALLET, D. *Formação de professores no desenho de disciplinas e cursos*: foco na garantia de aprendizagem. São Paulo: Atlas, 2021.

HENRI, M.; JOHNSON, M. D.; NEPAL, B. A Review of Competency-Based Learning: tools, assessments, and recommendations. *Journal of Engineering Education*, v. 106, n. 4, p. 607-638, 2017.

KENNEDY, D. *Writing and using learning outcomes*. A Practical Guide, p. 1-103, 2016. Disponível em: https://www.cmepius.si/wp-content/uploads/2015/06/A-Learning-Outcomes-Book-D-Kennedy.pdf. Acesso em: 22 fev. 2022.

MAGER, R. F. *Preparing instructional objectives*: a critical tool in the development of effective instruction. Atlanta: The Center for Effective Performance, 1997.

PIAGET, J. *A construção do real na criança*. 2. ed. São Paulo: Ática, 1973.

ZABALA, A.; ARNAU, L. *Como aprender e ensinar competências*. Porto Alegre: Artmed, 2010.

Capítulo 3

ALINHAMENTO ENTRE OBJETIVOS DE APRENDIZAGEM, DINÂMICAS DE AULAS E AVALIAÇÕES

 OBJETIVOS DE APRENDIZAGEM DO CAPÍTULO

1. Relacionar os objetivos de aprendizagem de disciplina com dinâmicas de aulas, garantindo seu alinhamento.
2. Relacionar objetivos de aprendizagem, dinâmicas de aulas e atividades avaliativas.

Não parece ter sido só para criticar

Desde que começou a ministrar aulas no curso de Ciências Econômicas, há dois anos, o professor Pablo recebe avaliações dos alunos todo semestre. Faz parte da política institucional os estudantes avaliarem a instituição, as coordenações e os docentes, para que possam ter um processo de melhoria contínua.

Ele e diversos colegas com quem tem contato consideram essa prática válida. De fato, muitas vezes os alunos apontam aspectos que podem e devem ser melhorados. Não é comum escreverem comentários sem sentido ou usarem a avaliação para desabafar o descontentamento com suas notas ou algo do gênero. Em geral, os apontamentos são interessantes e pertinentes.

No último semestre, em particular, havia alguns bons alunos em uma de suas turmas de Microeconomia. Eram dedicados, críticos e exigentes, de forma respeitosa. Nesse contexto, Pablo ficou ansioso para saber o que diriam na avaliação da disciplina.

Não entendeu bem e ficou um pouco surpreso, de início. Apesar de construtivos, ele não conseguia entender como os comentários poderiam ser considerados e fazer parte de ajustes na disciplina.

A maior parte dos comentários era sobre avaliação, e alguns sobre os objetivos do docente com o curso. Fazendo uma síntese das ideias, reclamavam sobre o foco das atividades em sala ser diferente do que foi exigido na prova. Na visão dos alunos, os exercícios das aulas foram considerados mais básicos e simples e, na prova, achavam que eram exigidas discussões teóricas que não tinham feito. Alguém escreveu: "como é que nas atividades em sala e listas de exercícios é relativamente fácil chegar à resposta certa, com alguns cálculos, e depois na prova precisamos explicar conceitos clássicos, como de elasticidade?". Para Pablo, uma coisa contribui com a outra. Eles fazem cálculos e também aprendem conceitos. Tudo servirá como base para o que precisam compreender nesse momento do curso de Ciências Econômicas. Exigiu na prova os conceitos achando que seria até mais fácil para eles, mas não entenderam a proposta.

Outro comentário que chamou sua atenção dizia o seguinte: "o professor parece bem-intencionado, explica bem, mas não consigo entender o que os cálculos têm a ver com os conceitos. Parece que as coisas estão desconectadas".

Pablo considerou oportuno deixar claro para os alunos de novas turmas que as atividades de sala podem ser diferentes das de provas. Da próxima vez que for ministrar a disciplina, precisará deixar isso claro. Além disso, considerou, ainda, que precisa reforçar, desde o início, que fazer atividades para calcular e outras para explicar conceitos formam uma base importante mais adiante no curso de Economia.

De qualquer forma, seria importante conversar com a turma para ela entender melhor. Muitos são ótimos alunos e não fizeram comentários "só para criticar". Pelo menos, ele acha que não.

Capítulo 3 • Alinhamento entre Objetivos de Aprendizagem, Dinâmicas de Aulas e... | 41

 O que pode estar acontecendo nessa situação?

A preocupação do professor Pablo em considerar o que os alunos disseram sobre suas atividades avaliativas e objetivos é um primeiro passo importante para uma atuação docente mais focada na aprendizagem dos estudantes. As ações pensadas por ele, sem dúvida, podem ser um caminho possível e relevante para que sua disciplina faça mais sentido para seus futuros alunos. Nesse momento, uma pergunta pode ser esclarecedora: se olharmos as atividades propostas pelo professor Pablo, quais parecem ser os objetivos de aprendizagem de sua disciplina? Acreditamos que "calcular x, y, z..." e "explicar os conceitos a, b, c..." são uma possibilidade pertinente, uma vez que são essas as ações que ele espera que os alunos pratiquem nas atividades propostas.

Outra pergunta relevante: será que o professor tem consciência de que esses são (ou deveriam ser) seus objetivos de aprendizagem? Caso ele não tenha essa clareza, pode acontecer algo como o que está havendo com a turma: o docente exige que os alunos demonstrem domínio de algumas habilidades, mas não tem clareza do percurso que os leva a aprender o que ele deseja que eles saibam fazer.

Uma dúvida que fica é se o professor tem essa clareza e propôs as atividades da prova com essa intenção. Ele chega a comentar que vê as ações praticadas pelos alunos como algo importante, mesmo que não faça sentido para eles agora. Não fica claro em seu relato, no entanto, como esses saberes se complementam na disciplina, que é o que os estudantes estão vivenciando nesse momento.

No foco que queremos desenvolver neste capítulo, vale comentar os pontos destacados pelos estudantes. Sintetizando, temos o apresentado na Figura 3.1.

Figura 3.1 Pontos de destaque levantados pelos estudantes na situação-problema.

A situação vivida pelo professor Pablo e seus alunos está conectada a um dos temas centrais desta obra: o alinhamento entre objetivos do plano de ensino e aqueles exigidos na avaliação da aprendizagem. No contexto dado, o docente foi questionado pelos estudantes sobre a diferença entre as atividades do dia a dia e a prova. Parece que foram feitas exigências diferentes. Nas aulas, o foco do que os estudantes deveriam fazer era "calcular". Na prova, por sua vez, era "explicar".

Outro ponto de destaque é a percepção dos estudantes de que essas duas capacidades não parecem se relacionar na disciplina. O que o cálculo tinha a ver com as explicações conceituais? Talvez fosse oportuno o docente refletir sobre isso: se as duas capacidades estão sendo mobilizadas na mesma disciplina, deveria haver uma ou mais razões para essa escolha do professor, mas essa lógica não estava clara para os estudantes.

ALINHAMENTO ENTRE OBJETIVOS DE APRENDIZAGEM PREVISTOS NO PLANEJAMENTO, DINÂMICAS E ATIVIDADES AVALIATIVAS

O que em muitas situações acontece (e parece ter acontecido na situação vivida pelo professor Pablo e seus alunos) é o desalinhamento entre o que acontece nas atividades praticadas em sala e nas avaliações. Não porque os conteúdos sejam diferentes, mas, muito provavelmente, porque o que os alunos são chamados a praticar nas dinâmicas de aula não é o foco das avaliações.

Para que um bom processo de aprendizagem funcione, uma das premissas fundamentais é o alinhamento entre o que definimos como objetivos de aprendizagem e as dinâmicas de aula que selecionamos, para que os estudantes possam praticá-los e, de fato, aprender, bem como o alinhamento das avaliações com os mesmos objetivos de aprendizagem (Figura 3.2).

Figura 3.2 Esquema comparativo entre exames externos e atividades dentro de programas curriculares.

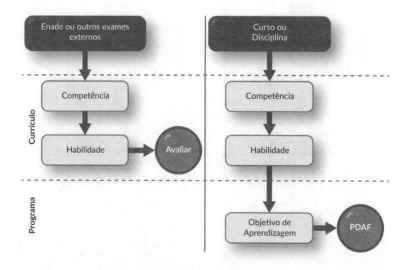

*PDAF: Planejamento, Dinâmica, Avaliação e *Feedback*.

Capítulo 3 • Alinhamento entre Objetivos de Aprendizagem, Dinâmicas de Aulas e... | **43**

Vamos analisar os planos de ensino e de aula de uma disciplina, para que possamos discutir o alinhamento entre os objetivos de aprendizagem e o que será praticado pelos estudantes nas aulas.

Excerto do plano de ensino de disciplina

Ementa: para ser bem-sucedida, uma empresa precisa criar e sustentar vantagens competitivas e compreender bem o ambiente em que opera. Nem todos os setores de serviços e manufatura oferecem as mesmas oportunidades de rentabilidade sustentada e suas estruturas se alteram no tempo. Uma empresa obtém posição competitiva dentro de seu setor quando a configuração de seu pacote produto/serviço e suas atividades funcionais geram valor para seus clientes. O desafio de formular estratégias competitivas eficazes depende do balanço de oportunidades e riscos associados aos ambientes incertos e dinâmicos dos setores econômicos. Essa disciplina analisa os fundamentos da gestão estratégica, aprimorando sua habilidade de formular e implantar estratégias eficazes. Análise e dinâmica da competição, recursos e *core competencies*, fusões e aquisições, alianças estratégicas, *corporate governance* e liderança estratégica são alguns dos temas tratados.

Objetivos de aprendizagem: ao final do curso, **o aluno** deverá ser capaz de:

- **Analisar** os aspectos da gestão associados aos ambientes externo e interno.

- **Formular** estratégias com o objetivo de criar valor à sua organização.

- **Implantar** as estratégias com foco nos resultados.

Se traçarmos um paralelo entre os pontos principais descritos na ementa e os objetivos de aprendizagem da disciplina, para termos consciência desse alinhamento, teríamos algo parecido com o Quadro 3.1.

Quadro 3.1 Exemplo de alinhamento entre a ementa de uma disciplina e seus objetivos de aprendizagem

Ementa	Objetivos de aprendizagem
O desafio de formular **estratégias** competitivas **eficazes** depende do balanço de oportunidades e riscos associados aos **ambientes incertos e dinâmicos** dos setores econômicos	• Analisar os aspectos da gestão associados aos **ambientes externo e interno** • Formular **estratégias** com o objetivo de **criar valor** à sua organização • Implantar as **estratégias** com **foco nos resultados**
Esta disciplina analisa os fundamentos da **gestão estratégica**, aprimorando sua habilidade de formular e implantar **estratégias eficazes**. Análise e dinâmica da competição, recursos e *core competencies*, fusões e aquisições, alianças estratégicas, *corporate governance* e liderança estratégica são alguns dos temas tratados	• Analisar os aspectos da **gestão** associados aos ambientes externo e interno • Formular **estratégias** com o objetivo de **criar valor** à sua organização • Implantar as **estratégias** com foco nos resultados

Fonte: NGA. *Materiais para AoL*. Insper, 2022.

Destacando as palavras ou termos-chave, tanto na ementa quanto nos objetivos de aprendizagem, já conseguimos perceber que ambos conversam entre si. Agora, vamos verificar o plano de aula em busca da conexão que deve ocorrer nas aulas e os objetivos de aprendizagem da disciplina.

Vamos praticar?

Relacione os objetivos de aprendizagem da disciplina com o que os alunos devem praticar em aula, analisando se há alinhamento ou não entre eles.

- **Analisar** os aspectos da gestão associados aos ambientes externo e interno.
- **Formular** estratégias com o objetivo de criar valor à sua organização.
- **Implantar** as estratégias com foco nos resultados.

Aula	O que os alunos devem praticar na aula?	Parece relacionado a algum objetivo de aprendizagem da disciplina? Em caso de resposta afirmativa, a qual objetivo de aprendizagem da disciplina se relaciona?
Aula 1	**Diferenciar** as várias concepções do termo "inovação" e seus empregos no mundo corporativo	
Aula 2	**Identificar** as ameaças e as oportunidades que ambientes externos instáveis apresentam para as empresas	
Aula 3	**Identificar** as ameaças e as oportunidades que ambientes externos instáveis apresentam para as empresas	
Aula 4	**Identificar** o processo de criação de competências centrais para a empresa em ambientes instáveis	
Aula 5	**Determinar** as melhores opções estratégicas para o negócio da empresa em ambientes com elevado grau de incerteza	
Aula 6	**Definir** o modelo de negócios de um empreendimento	
Aula 7	**Decidir** entre inovação (insegurança) e tradição (segurança) na gestão estratégica	

Capítulo 3 • Alinhamento entre Objetivos de Aprendizagem, Dinâmicas de Aulas e... | 45

Aula 8	**Estabelecer** valor para as inovações	
Aula 9	**Consolidar** a formação da "Gestão Estratégica" promovendo um alinhamento entre os objetivos estratégicos e as decisões para explorar oportunidades e mitigar ameaças	

Gabarito: "Analisar os aspectos da gestão associados aos ambientes externo e interno", aulas 1, 2, 3 e 4; "Formular estratégias com o objetivo de criar valor à sua organização", aulas 5, 7 e 8; "Implantar as estratégias com foco nos resultados", aulas 6 e 9.

Pensando nos objetivos de aprendizagem das aulas programadas no planejamento anterior, como deveriam ser as dinâmicas capazes de desenvolver essas habilidades previstas? Será que uma dinâmica de aula focada na exposição de conteúdo irá desenvolver nos estudantes os objetivos de aprendizagem estabelecidos?

Precisamos garantir que as ações previstas nos objetivos sejam estimuladas nas dinâmicas de aula e, posteriormente, checadas nas avaliações. Também, que haja um encadeamento entre Planejamento, Dinâmica, Avaliação e *Feedback* (PDAF), como descrito por Gianesi, Massi e Mallet (2021). É esse alinhamento que visa garantir que os alunos entendam como as avaliações estão relacionadas com as atividades trabalhadas em sala de aula.

Retomando a situação vivida pelo professor Pablo e seus alunos, aparentemente as dinâmicas das aulas e as atividades avaliativas não parecem estar alinhadas aos mesmos objetivos de aprendizagem. Muitas vezes, quando não temos a consciência dessa necessidade de alinhamento, acabamos perdendo de vista nossos objetivos de aprendizagem, que são os grandes norteadores de todo esse caminho.

O primeiro passo para que a avaliação seja conscientemente focada na aprendizagem é não haver ruptura entre o que está sendo avaliado nas avaliações e os objetivos de aprendizagem praticados em aula. Como temos enfatizado nos capítulos anteriores, os objetivos são norteadores, os pontos de referência de aonde queremos que os estudantes cheguem ao final da disciplina.

Vamos imaginar a seguinte situação. Em um plano de ensino, encontramos os seguintes objetivos de aprendizagem:

* Analisar o impacto de decisões estratégicas no valor de uma companhia.
* Avaliar o impacto no valor de companhias gerado pela decisão de reestruturação.
* Determinar a estrutura ótima de capital para projetos de uma companhia.

Não seria razoável esperar que as atividades avaliativas mobilizassem essas ações (analisar, avaliar e determinar) por parte dos estudantes? E se não mobilizarem? O que provavelmente acontecerá com a aprendizagem?

Continuando nesse raciocínio hipotético, é como se, em uma avaliação, fosse solicitado aos estudantes que respondessem, por exemplo, perguntas teóricas sobre o valor de uma companhia. Nesse caso, parece evidente que, nas aulas, não foram realizadas atividades que enfatizassem a teoria (pelo menos não pelos estudantes) e, portanto, os alunos não sairão da disciplina sabendo discorrer sobre a teoria esperada. Se não alinharmos as atividades realizadas pelos estudantes aos objetivos de aprendizagem da disciplina, é pouco provável que eles consigam aprender a fazer o que dissemos que eles deveriam sair sabendo fazer.

Da mesma forma, se for solicitado ao estudante, em uma prova, que faça análises, mas, durante o curso (nas demais atividades realizadas), os alunos nunca tenham praticado essas análises, é bastante provável que as entregas que serão feitas como respostas aos exercícios sejam inadequadas, uma vez que os alunos não vão aprender, naquele momento avaliativo, como fazer a análise esperada pelo professor. Observe a Figura 3.3.

Figura 3.3 Esquema de alinhamento entre os objetivos de aprendizagem de uma disciplina hipotética e duas de suas avaliações.

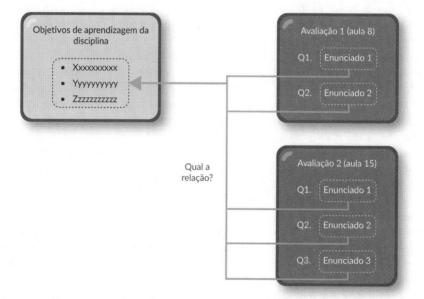

 Faça você mesmo

A exemplo do que fizemos em outra atividade, utilize uma disciplina que você leciona para analisar o alinhamento entre os objetivos de aprendizagem de sua disciplina e as dinâmicas de aula. Para realizar este exercício, primeiramente liste os objetivos de aprendizagem da sua disciplina. Você pode encontrar essa informação em seu plano de ensino. Feito isso, utilize a tabela a seguir para relacioná-los com as dinâmicas que estão previstas para as aulas.

Obs.: Não se esqueça de que, em algum momento da sua disciplina, será necessário avaliar a aprendizagem dos seus estudantes.

Capítulo 3 • Alinhamento entre Objetivos de Aprendizagem, Dinâmicas de Aulas e... | 47

Objetivos de aprendizagem da disciplina:

* _____
* _____
* _____
* _____
* _____
* _____

Aula	Objetivos de aprendizagem da disciplina mobilizados na aula	Tema/ conteúdo	Breve descrição da atividade a ser feita em sala pelos estudantes	O que os alunos vão praticar parece alinhado a algum objetivo de aprendizagem da disciplina?
Aula 1				
Aula 2				
Aula 3				
Aula 4				
Aula 5				
Aula 6				
Aula 7				

Checklist

- Verifique o alinhamento entre os objetivos de aprendizagem mobilizados nas aulas e o que foi exigido que o aluno realizasse nas avaliações.
- Observe com atenção os *feedbacks* formais e informais que os estudantes dão a respeito das avaliações.

 O que você aprendeu neste capítulo?

Neste capítulo, aprendemos a refletir sobre o alinhamento entre os objetivos de aprendizagem de uma disciplina, as dinâmicas de aula e as atividades avaliativas.

 Referências

DICIONÁRIO DA SOCIEDADE AMERICANA DE PSICOLOGIA. Disponível em: https://dictionary.apa.org/cognitive-complexity. Acesso em: 3 jul. 2023.

DRAGOO, A.; BARROWS, R. Implementing competency-based business curricula in higher education. *Journal of Education for Business*, v. 91, n. 7, p. 374-379, 2016.

GIANESI, I. G.; MASSI, J. M.; MALLET, D. *Formação de professores no desenho de disciplinas e cursos*: foco na garantia de aprendizagem. São Paulo: Atlas, 2021.

HENRI, M.; JOHNSON, M. D.; NEPAL, B. A Review of Competency-Based Learning: Tools, Assessments, and Recommendations. *Journal of Engineering Education*, v. 106, n. 4, p. 607-638, 2017.

MOREIRA, A. *O questionamento no alinhamento do ensino, aprendizagem e avaliação*. Portugal: Universidade de Aveiro, 2012. Disponível em: https://core.ac.uk/download/pdf/15570279.pdf. Acesso em: 13 fev. 2023.

Capítulo **4**

IMPORTÂNCIA DO NÍVEL COGNITIVO PARA O ALINHAMENTO ENTRE OBJETIVOS DE APRENDIZAGEM E AS PRÁTICAS AVALIATIVAS

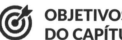

OBJETIVOS DE APRENDIZAGEM DO CAPÍTULO

1. Identificar o nível cognitivo de um verbo de ação, segundo a Taxonomia Revisada de Bloom.
2. Identificar habilidades mais simples pressupostas no desenvolvimento de habilidades mais complexas.
3. Avaliar o alinhamento entre os objetivos de aprendizagem e o enunciado de uma questão.

Será que ela tem razão?

Desde a semana passada, um ponto vem martelando na cabeça da professora Ana Cláudia. Após a aplicação de uma prova intermediária, uma aluna foi procurá-la para falar sobre um exercício. Ela não queria questionar a correção propriamente dita, e sim, o que era esperado da atividade proposta, dado o enunciado apresentado.

A disciplina é Metodologia de Ensino I, ministrada no 5º semestre do curso de Letras. Ana Cláudia já tem experiência com essa disciplina há quatro semestres e foi a primeira vez que um aluno foi questioná-la sobre a avaliação na perspectiva trazida agora. Aliás, a professora considera a aluna em questão excelente, que se dedica bastante, porque parece ter, de fato, vontade de aprender e ter uma boa formação. Não era o tipo de aluna que vinha reclamar de nota e, nesse caso, não era mesmo esse o ponto. Talvez por tudo isso o assunto ainda está na cabeça da docente.

A pergunta em questão, adaptada do Enade, apresentava uma situação didática e os alunos foram solicitados a escrever um texto, discorrendo sobre a questão das variedades linguísticas, bem como sugerir como poderia ser o encaminhamento do professor com a turma na situação dada.

No entendimento de Ana Cláudia, era claro que os alunos deveriam analisar a questão das variedades linguísticas na situação e, diante da análise, fazer alguma recomendação.

Em sua resposta, a aluna que foi questioná-la não fez uma análise. Falou teoricamente sobre as variedades linguísticas, de forma correta, e fez uma sugestão plausível para o professor fictício da questão. A organização da resposta mencionava superficialmente a situação.

O questionamento da aluna era justamente esse: não tinha entendido que era para fazer uma análise. Ana Cláudia explicou seu entendimento da pergunta, que tinha sido o de outros alunos de sala. A aluna pareceu compreender, mas, no fundo, acabou plantando em Ana Cláudia uma dúvida: afinal, a forma como solicitada a atividade deixava claro o objetivo, que era a análise? Curioso que, quando escreveu o enunciado, a docente não se questionou sobre a clareza da pergunta.

O que pode estar acontecendo nessa situação?

A situação fictícia vivida pela professora Ana Cláudia ilustra o que muitos docentes já passaram durante suas carreiras em algum momento: serem chamados a refletir sobre suas avaliações. Nesse caso específico, o ponto parece simples e sem maiores consequências. Uma aluna faz uma reclamação (talvez nem isso, apenas questiona o entendimento que teve de um enunciado) e leva a docente a refletir sobre o que de fato estava sendo avaliado na atividade.

Caso a professora Ana Cláudia fosse questionada sobre o conteúdo da questão, ela provavelmente não teria dúvidas em dizer que é o "ensino das variedades linguísticas". Mas é interessante notar que uma avaliação não se reduz apenas aos conteúdos que exige em sua resolução. Também é fundamental ter clareza sobre o que se deseja que os alunos sejam capazes de fazer com eles e que será avaliado, em última instância.

Em nossa situação, a docente, ao explicar para sua aluna o que desejava, fala em "análise da situação em relação às variedades linguísticas". No entanto, quando retomamos seu relato, ela fala em "discorrer sobre", não em "analisar". É provável que você esteja se perguntando se essa não é apenas uma questão de expressão, de "maneira de falar". Entendemos que há, sim, um aspecto importantíssimo na "maneira de nomear" o que se deseja que o aluno realize. Mais do que isso, a falta de clareza ou atenção ao como orientamos o aluno a realizar dada tarefa talvez seja o reflexo da falta de clareza dos objetivos de aprendizagem que tentamos desenvolver em dada disciplina.

Claro que se trata de uma hipótese, mas há alguma chance (talvez razoável) de que o fato de o enunciado não ter traduzido de forma mais clara o que se deseja avaliar, do ponto de vista do objetivo de aprendizagem, possa ser o reflexo da falta de clareza sobre ele no momento de elaborar uma avaliação.

 Como vimos no capítulo anterior

Como visto no capítulo anterior, os objetivos de aprendizagem devem ser considerados como o norte do planejamento: são eles que orientam o que desejamos que os alunos pratiquem nas dinâmicas de aulas e o que desejamos avaliar nos processos avaliativos.

Vimos, também, que não parece simples organizar esse alinhamento. No caso das dinâmicas de aulas, observamos que é fundamental que o estudante pratique o que está previsto nos objetivos de aprendizagem nas atividades em sala. Com o processo avaliativo não é diferente.

Mas qual recurso podemos utilizar para elaborar nossas avaliações para que elas mobilizem os objetivos de aprendizagem que desejamos desenvolver? Esse é foco deste capítulo: **a Taxonomia de Bloom**.

Acreditamos que o nível cognitivo em que se insere um objetivo de aprendizagem é um elemento importante para nortear nossas avaliações e devolutivas para os estudantes (não apenas elas, mas também nossas escolhas metodológicas e práticas em sala de aula), uma vez que o nível cognitivo pode ser um excelente critério para tentarmos alinhar as avaliações com aquilo que pretendemos desenvolver na aprendizagem dos estudantes nas disciplinas (e, em sentido mais amplo, no currículo).

Nesta obra, vamos usar como referência a Taxonomia Revisada de Bloom, criada por Benjamin Bloom em 1956 e revisada em 2001 por Anderson e Krathwohl. Nessa taxonomia, encontramos seis grandes níveis cognitivos, conforme a Figura 4.1.

52 | Avaliação para Gestão da Aprendizagem no Ensino Superior

Figura 4.1 Descrição e ordenação dos níveis cognitivos da Taxonomia Revisada de Bloom.

Domínio cognitivo	Descrição
Lembrar	Reconhecer ou lembrar conhecimento memorizado na memória de longo prazo.
Compreender	Extrair sentido de mensagens informativas, sejam escritas, gráficas ou organizadas em outras linguagens.
Aplicar	Praticar ou utilizar um procedimento por meio de sua execução e/ou implementação em uma dada situação delimitada.
Analisar	Subdividir um todo em partes menores, com a finalidade de entender como as partes se relacionam.
Avaliar	Fazer julgamentos e tomar decisões com base em critérios e padrões por meio de verificação e crítica.
Criar	Juntar elementos para formar uma entrega nova, coerente e funcional. Reorganizar elementos em um novo padrão e estrutura.

(Aumento de complexidade ↓)

Fonte: ANDERSON, L. W.; KRATHWOHL, D. R. *A Taxonomy for Learning, Teaching, and Assessing*: a Revision of Bloom's Taxonomy of Educational Objectives. New York: Longman, 2001.

Entre as diversas possibilidades de visualização dos níveis cognitivos de acordo com Bloom, a Figura 4.2, elaborada pelas autoras, demonstra os seis níveis, indo dos mais simples para os mais complexos, mas sem indicar uma hierarquia entre eles.

Figura 4.2 Esquema de classificação dos níveis cognitivos da Taxonomia Revisada de Bloom.

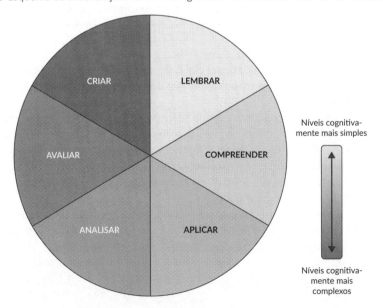

De acordo com a Figura 4.2, temos as seguintes definições dos níveis cognitivos de acordo com a Taxonomia Revisada de Bloom:

- **Lembrar**: capacidade de recordar informações previamente aprendidas, como fatos, conceitos, princípios e procedimentos.

- **Compreender**: capacidade de entender o significado de informações aprendidas, interpretando, traduzindo ou explicando-as com suas próprias palavras.

- **Aplicar**: capacidade de usar conhecimentos e habilidades aprendidos para resolver problemas ou executar tarefas em situações novas e não familiares.

- **Analisar**: capacidade de dividir um todo em suas partes ou elementos, identificar padrões, relações ou conexões entre eles e examinar criticamente suas características e implicações.

- **Avaliar**: capacidade de fazer julgamentos ou avaliações sobre informações, ideias, conceitos ou produtos, usando critérios específicos e padrões de desempenho.

- **Criar**: capacidade de gerar novas ideias, produtos ou soluções a partir de conhecimentos e habilidades existentes, aplicando pensamento criativo e originalidade para alcançar objetivos específicos.

A complexidade do que é exigido ser feito por um estudante em uma atividade avaliativa do ponto de vista cognitivo pode ser identificada interpretando seus enunciados, gabaritos e padrões de resposta.

Por meio de exemplos extraídos do Enade, vamos fazer essa identificação em algumas questões. Em seguida, vamos aprender como desmembrar uma habilidade complexa em habilidades mais simples, visando observar na prática como elas se relacionam e se articulam para conferir complexidade a uma questão. Apesar de usarmos questões do Enade nessa análise, considere que esse princípio vale para qualquer tipo de atividade avaliativa.

Nosso objetivo é oferecer exemplos diversos para que você compreenda o racional envolvido na identificação dos níveis de domínio cognitivo da Taxonomia de Bloom e saiba realizar os mesmos exercícios com suas avaliações, e os objetivos de aprendizagem de sua disciplina, sejam quais forem seus instrumentos de avaliação.

Padrão de resposta: O padrão de resposta não é apenas um gabarito. Ele descreve em detalhes como o estudante deve articular os conhecimentos e habilidades exigidos na questão para atingir 100% de aproveitamento. Caso haja mais de uma possibilidade de resposta, essas devem estar especificadas no padrão de resposta.

EXEMPLO DE QUESTÃO NO NÍVEL COGNITIVO "LEMBRAR"

Vamos começar pela questão 35 de conhecimentos específicos, retirada do Enade 2010 do curso de Medicina.

 Enade 2010 – *Medicina – Questão 35*

O Ministério da Saúde do Brasil recomenda que a primeira dose da vacina contra hepatite B seja administrada na

A. maternidade, nas primeiras 6 horas de vida do recém-nascido.
B. maternidade, nas primeiras 12 horas de vida do recém-nascido.
C. maternidade, nas primeiras 24 horas de vida do recém-nascido.
D. na unidade básica de saúde, com sete dias de vida do recém-nascido.
E. na unidade básica de saúde, com um mês de vida do bebê.

Gabarito*: alternativa B.*

Fonte: Disponível em: https://download.inep.gov.br/educacao_superior/enade/provas/2010/medicina_2010.pdf. Acesso em: 23 fev. 2023.

Na questão, observamos que os conhecimentos que o estudante precisa recordar da memória de longo prazo são os seguintes: o local onde recomenda-se aplicar a primeira dose da vacina de hepatite B e quanto tempo após o nascimento. Informações que estão inter-relacionadas, já que um bebê saudável tem um tempo médio para deixar uma maternidade.

Capítulo 4 • Importância do Nível Cognitivo para o Alinhamento... | 55

Podemos observar que se trata de uma questão simples, de enunciado e alternativas curtas, mas que o avaliador julgou ser relevante para um egresso do curso de Medicina. Nesse momento, nos atentamos para a simplicidade da questão para exemplificar como uma questão concisa, avaliando habilidades de baixo nível cognitivo, é importante na formação dos estudantes.

EXEMPLO DE QUESTÃO NO NÍVEL COGNITIVO "COMPREENDER"

Passemos para outra questão, extraída da prova do Enade 2016 do curso de Biomedicina.

? Enade 2016 – *Biomedicina* – *Questão 12*

A realização de exames radiológicos, como a tomografia computadorizada, permite a obtenção da imagem de ossos, órgãos ou formações internas do corpo, por meio da qual é possível avaliar a presença de fraturas, tumores, corpo estranho, sangramentos e outras anomalias.

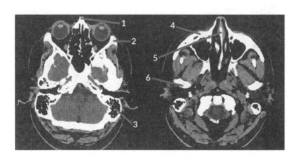

Com base na imagem de crânio, em corte axial, mostrada acima, assinale a opção em que há correta correspondência entre numeral e estrutura indicada.

A. 1: osso nasal; 2: osso zigomático; 3: células da mastoide; 4: maxila; 5: septo nasal; 6: côndilo da mandíbula.
B. 1: osso nasal; 2: maxila; 3: células da mastoide; 4: osso zigomático; 5: septo nasal; 6: côndilo da mandíbula.
C. 1: osso nasal; 2: osso zigomático; 3: maxila; 4: vômer; 5: parietal; 6: temporal.
D. 1: conchas nasais; 2: maxila; 3: osso zigomático; 4: septo nasal; 5: mastoide; 6: células da mastoide.
E. 1: conchas nasais; 2: osso zigomático; 3: maxila; 4: septo nasal; 5: mastoide; 6: células da mastoide.

Gabarito: alternativa A.

Fonte: Disponível em: https://download.inep.gov.br/educacao_superior/enade/provas/2016/biomedicina.pdf. Acesso em: 23 fev. 2023.

Olhando rapidamente para a questão, podemos inferir que se trata de uma questão de memorização, mas, de acordo com a definição de Bloom, a memorização se trata do reconhecimento ou da recapitulação de informações relevantes da memória de longo prazo.

Nessa questão, há uma imagem extraída de um exame radiológico mostrando a localização, a forma e a densidade das estruturas sob duas perspectivas. Se essas informações não fossem fornecidas e o aluno ainda tivesse que apontar a alternativa que lista todas essas estruturas, de fato seria lembrar. Mas, na verdade, o que se pretende avaliar é a habilidade de compreender. O estudante precisa construir um significado, ou nomear as estruturas apresentadas a partir da interpretação das suas formas, das localizações e dos formatos.

EXEMPLO DE QUESTÃO NO NÍVEL COGNITIVO "APLICAR"

Vamos comentar uma nova questão, extraída da prova do Enade 2015 do curso de Administração.

Enade 2015 – *Administração – Questão 12*

Os gestores de uma empresa realizaram avaliação de duas alternativas de investimento (A e B), com probabilidades de ocorrência para situações de mercado em recessão, em estabilidade e em expansão, respectivamente, de 25%, 50% e 25%. A tabela a seguir apresenta o retorno esperado em cada situação.

Situações de Mercado	Retorno Esperado A	Retorno Esperado B
Recessão	4%	6%
Estabilidade	10%	12%
Expansão	20%	21%

A comparação das alternativas será feita com base na média ponderada dos retornos por suas probabilidades de ocorrência. Nesse caso, os retornos esperados para as alternativas A e B são, respectivamente, de

A. 10,00% e 12,00%.
B. 11,00% e 12,75%.
C. 11,33% e 12,75%.
D. 11,33% e 13,00%
E. 12,00% e 13,50%.

Gabarito*: alternativa B.*

Fonte: Disponível em: https://download.inep.gov.br/educacao_superior/enade/provas/2015/01_administracao.pdf. Acesso em: 23 fev. 2023.

A questão traz uma situação em que o estudante deve realizar um cálculo para se chegar à resposta correta. Os cálculos envolvidos são a média ponderada e a multiplicação ou divisão de fatores. De acordo com a Taxonomia de Bloom, a habilidade de calcular pertence ao nível Aplicar do domínio cognitivo. Portanto, se o estudante está utilizando outro conhecimento, como a Matemática, para resolver um problema inserido em outro contexto, como o da gestão de investimentos, ele se desenvolverá no nível Aplicar.

EXEMPLO DE QUESTÃO NO NÍVEL COGNITIVO "ANALISAR"

Taxonomia de Bloom
ANALISAR
"Quebrar o material em suas partes constituintes, determinando como as partes se relacionam entre si e entre a estrutura geral ou propósito através da diferenciação, organização e atribuição."
Anderson e Krathwohl (2001)

Vejamos a Questão 28, extraída do Enade 2017 do curso de Geografia.

 Enade 2017 – *Geografia* – *Questão 28*

Segundo a PNAD (Pesquisa Nacional de Amostra de Domicílio), em 2014, havia telefone fixo ou celular em 93,5% dos domicílios brasileiros. No entanto, entre os anos de 2007 e 2015, a evolução dos terminais telefônicos apresentou relativa estabilidade nas linhas telefônicas fixas em funcionamento, enquanto as de telefonia celular aumentaram 53,07%.

Quanto à distribuição, a tabela de telefones em serviço – 2015 aponta a concentração das linhas na região Sudeste (47,44% do total) e menor concentração nas regiões Norte e Centro-Oeste (6,4% e 8,24%, respectivamente).

Telefones em serviço – 2015

Grandes regiões	Telefones em serviço		
	Total	Telefones celulares	Telefones fixos
	Milhares		
Brasil	301 377	257 796	43 581
Região Norte	19 425	18 063	1 362
Região Nordeste	69 515	64 299	5 216
Região Sudeste	142 976	116 231	26 745
Região Sul	44 598	37 534	7 064
Região Centro-Oeste	24 863	21 669	3 194

INSTITUTO BRASILEIRO DE GEOGRAFIA E ESTATÍSTICA – IBGE. *Brasil em números*. Rio de Janeiro, v. 24, p. 357, 2016 (adaptado).

A partir dos métodos de representação quantitativa, qualitativa e ordenada, nos diferentes modos de implantação de telefonia, assinale a opção em que consta o mapa temático mais adequado para representar os dados registrados na tabela sobre telefones em serviço em 2015.

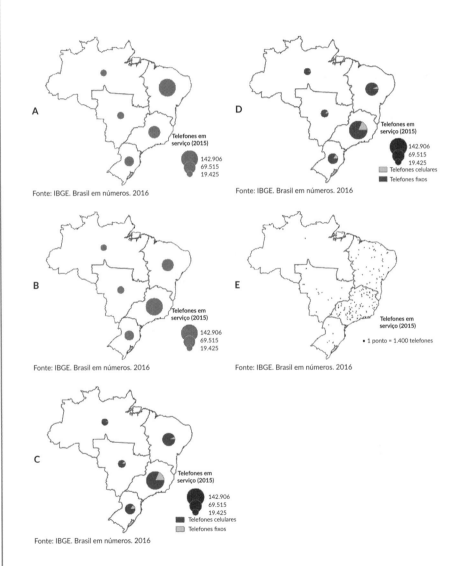

Gabarito: *alternativa C.*

Fonte: Disponível em: https://download.inep.gov.br/educacao_superior/enade/provas/2017/25_GEOGRAFIA_BACHAREL_ALTA.pdf. Acesso em: 23 fev. 2023.

A questão nos traz um exemplo interessante de como o nível cognitivo Analisar pode ser avaliado de maneira simples em uma questão de múltipla escolha. Mas, para isso, devemos fornecer ao estudante todos os insumos que ele precisa articular para responder à questão corretamente.

Nessa questão, o autor forneceu a tabela com os dados sobre a distribuição dos diferentes tipos de telefonia no Brasil e por estado em 2015. Dados que devem ser articulados com os gráficos das alternativas para que o todo faça sentido: números adicionados na representação gráfica.

EXEMPLO DE QUESTÃO NO NÍVEL COGNITIVO "AVALIAR"

À medida que o nível cognitivo aumenta, torna-se mais difícil abarcar habilidades mais complexas em uma questão de múltipla escolha. Isso porque, ao selecionar uma alternativa, não conseguimos identificar precisamente qual foi o raciocínio empregado para se chegar àquela resposta. Por isso, para níveis cognitivos como o Avaliar e o Criar, é importante considerar o emprego de questões abertas, em que os estudantes têm um campo delimitado pelas habilidades e contextos exigidos, mas são livres para demonstrá-los.

Além disso, em níveis cognitivos superiores é comum encontrarmos questões subdivididas em partes menores com letras a, b, c etc., em que a letra "a" suporta a resposta da letra "b", as letras "a" e "b" suportam a resposta da "c", e assim por diante. Por exemplo, se em uma questão que está no nível cognitivo Avaliar há as habilidades de lembrar e analisar embutidas, e para o diagnóstico do docente é interessante saber se o estudante teria problemas em alguma das duas habilidades, é interessante desenvolver uma questão fragmentando as ações em partes que permitam que o docente identifique se há dificuldade em alguma delas.

Como um exemplo concreto, vamos explorar a questão discursiva 3 do Enade de Administração no ano de 2012.

Enade 2012 – *Administração –*
Questão Discursiva 3

"Os gerentes de *marketing* e de finanças de uma empresa industrial discordam sobre a relação entre os investimentos em projetos comunitários e as vendas da empresa. O gerente de *marketing* assegura que esses investimentos dão retornos em relação ao aumento de vendas, além de serem relevantes para efeito de posicionamento de marca. Por outro lado, o executivo de finanças defende que esses investimentos não melhoram o desempenho de vendas e recomenda que futuros investimentos desse tipo sejam cancelados.

Na tentativa de adotar uma referência mais consistente para análise, os dois gerentes coletaram dados de investimentos sociais da empresa e de vendas totais dos últimos 30 meses, em três diferentes cidades (A, B e C), totalizando 90 observações (30 por cidade). A correlação entre as duas variáveis (investimentos sociais e vendas) na amostra total foi de 0,20. Por cidade, os coeficientes de correlação entre as duas variáveis foram: Cidade A, – 0,01; Cidade B, 0,22; Cidade C, 0,43."

Levando em conta esses resultados, faça o que se pede nos itens a seguir.

a) Comente a pertinência do uso da técnica de análise de correlação no contexto indicado. (valor: 3,0 pontos)

   Padrão de resposta: O estudante deve se posicionar sobre a pertinência ou não do uso da técnica de análise de correlação e justificar tal posicionamento, demonstrando conhecimento sobre associação de duas variáveis por meio de correlação estatística. A correlação pode ser considerada aplicável, uma vez que são duas variáveis medidas paralelamente onde **se pretende saber se há, ou não, alguma variação conjunta relacionada à influência do investimento social sobre as vendas**. O estudante também pode considerar que, embora aplicável, o método é limitado como critério para tomada de decisão, pois seria necessário considerar outros fatores e dados, argumento este que pode ser apresentado pelos estudantes que se posicionarem desfavoravelmente ao uso da técnica nesse contexto.

b) Faça uma análise do resultado geral e do resultado segmentado por cidade. (valor: 3,0 pontos)

   Padrão de resposta: O estudante deve demonstrar que reconhece que há uma associação pequena em termos gerais (0.20), porém, esta associação varia por cidade, havendo uma em que a associação é praticamente nula, e outra em que a associação é maior que nas demais. **Portanto, as variações por cidade indicam que as hipóteses dos dois executivos são parcialmente verdadeiras e dependem do local onde a análise foi feita**. Também **pode ser comentado que os resultados não são suficientemente abrangentes para fundamentar a decisão**.

c) Analise os posicionamentos de cada um dos gestores (marketing e finanças) e apresente uma proposta de decisão quanto aos investimentos sociais a serem efetuados pela empresa, considerando os coeficientes de correlação indicados e sugerindo outros possíveis dados que seriam relevantes para a tomada dessa decisão. (valor: 4,0 pontos)

Padrão de resposta: O estudante deve ressaltar que há evidências de que o gestor de marketing está correto em relação à Cidade C e que o executivo de finanças está correto no caso da Cidade A. Nesses termos, **o estudante deve recomendar que seja mantido o investimento para a Cidade C e que se cancelem ou se modifiquem estratégias de investimento na Cidade A.** A Cidade B pode ter os investimentos tanto mantidos quanto modificados ou cancelados, pois a relação é baixa. O estudante também pode mencionar que há outros fatores a serem considerados na decisão, o que exigiria outros tipos de fontes de dados, como a consulta aos demais *stakeholders* em cada cidade.

Fonte: Disponível em: https://download.inep.gov.br/educacao_superior/enade/padrao_resposta/2012/01_pr_administracao.pdf. Acesso em: 23 fev. 2023.

Observe como a questão está organizada em uma gradação de habilidades. O esquema da Figura 4.3 ajuda a entender como diferentes habilidades são articuladas nessa questão.

Figura 4.3 Esquema mostrando a articulação entre diferentes habilidades na questão utilizada como exemplo anteriormente.

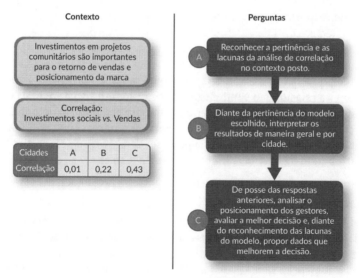

Nesse tipo de pergunta, caso o estudante responda a primeira parte incorretamente, é muito comum que não acerte as demais. Justamente porque o objetivo é avaliar até onde ele pode ir cognitivamente, ou seja, dentro daquele contexto, quantas habilidades ele consegue articular para exercer o nível cognitivo Avaliar.

EXEMPLO DE QUESTÃO NO NÍVEL COGNITIVO "CRIAR"

Para finalizar esse *tour* por diferentes exemplos de questões abordando os níveis do domínio cognitivo da Taxonomia de Bloom, vamos explorar uma questão que aborda o nível Criar.

Na questão discursiva 3, extraída do Enade 2021 do curso de Tecnologia em Análise e Desenvolvimento de Sistemas, o autor fornece um problema a ser resolvido a partir de um código de programação que automatiza a coleta e o tratamento dos dados. Observe que o autor ressalta que o código pode ser escrito em um pseudocódigo ou uma linguagem de programação qualquer.

 Enade 2021 – *Tecnologia em Análise e Desenvolvimento de Sistemas –* Questão Discursiva 3

Considere a realização de uma pesquisa com 1 000 pessoas para obtenção das seguintes informações: o valor da maior altura; o valor da menor altura; a média das alturas; quantas pessoas têm altura inferior à média das alturas. Considere, ainda, que um programador foi selecionado para desenvolver um modelo de código que soluciona o problema automatizando a coleta das alturas e a geração das informações. Com base nas informações apresentadas, desenvolva o código adequado para resolver o problema usando pseudocódigo ou uma linguagem de programação. (valor: 10,0 pontos)

Padrão de resposta: O respondente deve desenvolver o seguinte código:

algoritmo "pesquisa"
var altura[1000], menor, maior, total=0, media:real
var qtdmenor=0, ctpessoas: inteiro

Avaliação para Gestão da Aprendizagem no Ensino Superior

```
inicio
leia altura[1]
menor = altura[1]

maior = altura[1]
total = altura[1]
para ctpessoas=2 até 1000 faça

        leia (altura[ctpessoas])
        total=total + altura[ctpessoas]
fimpara
media = total/1000

para ctpessoas=1 até 1000 faça

        se menor > altura[ctpessoas] então menor = altura[ctpessoas]
        se maior < altura[ctpessoas] então maior = altura[ctpessoas]
        se media > altura[ctpessoas] então qtdmenor = qtdmenor + 1
        fimpara
        escreva ("Maior = ", maior, "Menor= ", menor," Média= ", media, "Quan-
        tidade de alturas menores que a média= ", qtdmenor)
```

Fonte: Disponível em: https://download.inep.gov.br/enade/padrao_resposta/2021_tecnologia_em_analise_e_desenvolvimento_de_sistemas.pdf. Acesso em: 23 fev. 2023.

Não exigir uma linguagem específica significa que o estudante não tem necessidade de lembrar ou aplicar uma sintaxe para resolver o problema. Em vez disso, ele deve planejar quantas e quais são as variáveis que serão necessárias, de que tipo serão essas variáveis (numéricas, verbais) e focar em unir elementos da lógica de programação para criar um algoritmo que faça sentido e que seja otimizado, como aplicar condicionais e laços que executam repetições dentro do código. Ao final do processo, cada estudante terá algoritmos próprios, como se fosse uma receita única, mas que executam e entregam o mesmo resultado: o valor da pessoa mais alta e mais baixa, a média das alturas e quantas pessoas têm alturas abaixo da média.

Exemplo guiado

De acordo com a Taxonomia de Bloom, a habilidade de justificar um conhecimento está contida no nível cognitivo Aplicar, que é considerado um nível de complexidade intermediário, nem muito complexo, nem muito simples. Essa habilidade está classificada como tal porque o estudante não precisa mobilizar muitas habilidades mais simples para demonstrar e nem estabelecer muitas relações entre elas.

No item "a" da questão a seguir, apesar de não ser explicitamente direcionado pelo verbo "demonstrar", é exigido dos estudantes a habilidade de desenvolver, por meio da justificativa, a atuação da área Gestão de Produção e Operações em relação aos métodos de Taylor.

Enade 2018 – *Administração – Questão Discursiva 3*

"Nem o nível de produção nem a linha de resultados são, por si sós, medições adequadas da administração e da empresa. Posição de mercado, inovação, produtividade, desenvolvimento do pessoal, qualidade, resultados financeiros, todos são cruciais ao desenvolvimento de uma organização e à sua sobrevivência. Também as organizações sem fins lucrativos precisam de medições em algumas áreas específicas de suas missões.

Os primeiros esforços de elevação do nível de produção estiveram associados ao que atualmente configura a área de Gestão de Produção e Operações, principalmente com os métodos de Frederick Taylor. Daí se originou a chamada revolução gerencial.

DRUCKER, P. F. *O melhor de Peter Drucker*: o homem, a administração, a sociedade. São Paulo: Nobel, 2002 (adaptado).

A partir da leitura desse fragmento, faça o que se pede nos itens a seguir.

a) Justifique por que os métodos de Taylor estão, originalmente, associados à Gestão de Produção e Operações. (valor: 4,0 pontos)

Padrão de resposta: a) O estudante **deve explicar que os métodos de Taylor estavam associados ao aprimoramento das tarefas operacionais, e as propostas centrais, em particular de aplicação de métodos científicos à execução de tarefas, tiveram por meta e por resultado o aumento da produtividade dos trabalhadores**. O estudante também pode **justificar que a associação se dá devido ao contexto histórico ou ao local onde a teoria foi aplicada**. O estudante deve citar como exemplo o estudo de tempos e movimentos, a especialização das atividades, a padronização de métodos e tarefas.

Fonte: Disponível em: https://download.inep.gov.br/educacao_superior/enade/padrao_resposta/2018/administracao.pdf. Acesso em: 23 fev. 2023.

Na questão, em termos de quantidade de habilidades mobilizadas para exercer a ação de demonstrar, o estudante precisa: **lembrar** como atua a Gestão de Produção e Operações de uma empresa; **lembrar** do que se tratam os métodos de Taylor e sua lógica; e então **associar** esse conceito à área de Gestão de Produção e Operações.

Sobre as relações que ele deve estabelecer entre as habilidades mobilizadas citadas, observe a Figura 4.4, na qual tentamos materializar o processo de raciocínio que o estudante deve executar para resolver a questão e, por fim, redigimos um objetivo de aprendizagem hipotético de uma aula em que essas habilidades fossem exercitadas. Esse esquema tem como objetivo ser mais ilustrativo que exaustivo, portanto, devemos considerar que diferentes estudantes podem estabelecer diferentes relações para se chegar na resposta.

Figura 4.4 Esquema preenchido com habilidades menos complexas que compõem o nível cognitivo Aplicar.

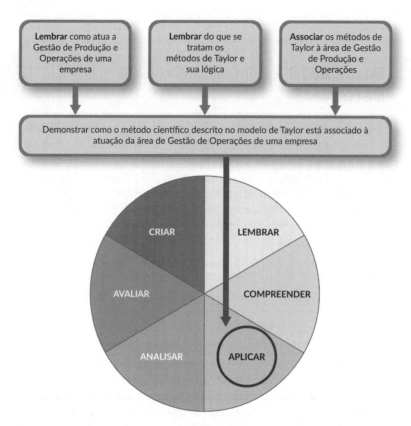

Uma habilidade mais complexa não necessariamente indica maior importância ou maior adequação dentro de uma disciplina. Uma habilidade adequada é aquela em que conseguimos manter um alinhamento entre o que foi proposto no currículo e o que chega na avaliação dos estudantes, não importando sua complexidade, desde que faça sentido dentro do contexto da disciplina. Em disciplinas introdutórias, é razoável que os objetivos de aprendizagem abordem níveis mais simples cognitivamente. Principalmente onde pretende-se que os estudantes retomem conhecimentos prévios, os exercitem e sejam expostos a novos conhecimentos gradualmente.

Retomando a situação vivida pela professora Ana Cláudia, entendemos que ela pretendia solicitar uma análise, mas, como ela mesma disse, não "pensou sobre isso quando formulou suas questões". Essa falta de clareza sobre o real objetivo de aprendizagem pode ter gerado a divergência de entendimento da aluna, uma vez que o enunciado não foi elaborado na perspectiva clara de que ele estava ali para avaliar se os estudantes eram capazes de fazer uma análise.

Mais adiante, abordaremos novamente a organização de enunciados avaliativos, mas já ressaltamos de antemão que ter a clareza de qual objetivo de aprendizagem está sendo avaliado e que nível de exigência cognitiva ele exige (memorização, compreensão, aplicação, análise, avaliação ou criação) pode nos auxiliar imensamente a avaliar o que, efetivamente, desejamos que o aluno seja capaz de fazer ao final de dada disciplina. Para tanto, cuidaremos bastante do enunciado proposto. Além disso, com essa intencionalidade, teremos maior possibilidade de, efetivamente, desenvolver melhor os objetivos de aprendizagem do programa, ou seja, o perfil do egresso que nos propusemos a desenvolver.

Vamos praticar?

Para falarmos sobre habilidades mais complexas, observe a questão a seguir, também extraída do Enade 2018.

Enade 2018 – *Administração – Questão Discursiva 5*

Clientes de uma empresa de vendas de ingressos *on-line* foram alertados que poderiam estar sob o risco de fraude ou roubo de identidade após a revelação de uma grande violação de dados que afetou dezenas de milhares de pessoas. Transações fraudulentas foram realizadas nas contas de vários clientes, com gastos em serviços diversos. A empresa não forneceu mais informações sobre as transações que poderiam ser afetadas, mas enviou a seguinte mensagem aos clientes: "Recomendamos que você monitore suas declarações de conta em busca de evidências de fraude ou roubo de identidade. Se você estiver preocupado com os tipos de fraude ou suspeitar de qualquer atividade em sua conta, entre em contato com seu banco ou com a empresa de seu cartão de crédito." A empresa informou que está oferecendo aos clientes afetados um serviço gratuito de monitoramento de identidade, por 12 meses.

Disponível em: http://computerworld.com.br/2018/6/28/ticketmaster-sofre-violacao-de-dados-e-tem-vazamento-de-informacoes. Acesso em: 24 jul. 2018 (adaptado).

Considerando o caso apresentado, redija um texto analisando o posicionamento da empresa citada, em face do vazamento das informações de seus clientes. Em seu texto, considere a gestão e os princípios básicos da segurança da informação. (valor: 10,0 pontos)

Utilizando a Figura 4.5, reconheça até três habilidades cognitivamente menos complexas e que estão relacionadas com o nível cognitivo da questão: **Analisar**.

Figura 4.5 Esquema para preenchimento das habilidades menos complexas que compõem o nível cognitivo Analisar.

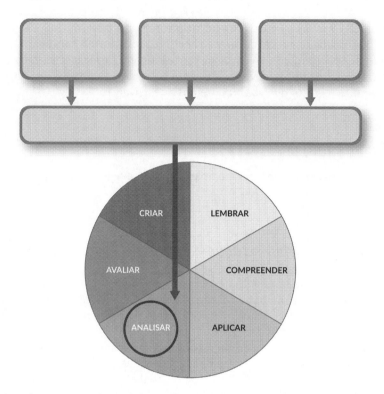

Padrão de resposta: O estudante deve **analisar** o posicionamento da empresa no tocante a aspectos mercadológicos e éticos, de forma a **considerar consequências do vazamento de dados e das ações levadas a frente pela empresa (comunicação com os clientes e suporte no monitoramento da identidade) com relação à reputação da empresa, à sua imagem, frente aos clientes atuais e potenciais, à dificuldade em se manterem os clientes ou de se conseguirem novos, ao impacto do problema frente ao valor do serviço oferecido pela empresa**. Além disso, **o estudante deve apontar que o vazamento das informações está relacionado a aspectos da segurança da informação**. As empresas devem garantir que a informação seja acessada somente por pessoas autorizadas e garantir que o conteúdo da mensagem não seja alterado ou violado.

Fonte: Disponível em: https://download.inep.gov.br/educacao_superior/enade/padrao_resposta/2018/administracao.pdf. Acesso em: 23 fev. 2023.

Observe que, de acordo com o padrão de resposta fornecido pelo Enade, além de lembrar dos princípios que regem a segurança da informação, o aluno deve se colocar no lugar de um gestor e avaliar quais são os potenciais riscos que a empresa corre numa ocasião de vazamento de informações confidenciais.

Faça você mesmo

Agora que já vimos um exemplo guiado e fizemos uma atividade com um exemplo de questão do Enade, nossa proposta é que você faça este exercício com uma questão de sua autoria.

I) Selecione uma questão que você tenha elaborado previamente em sua disciplina.
II) Identifique qual é o objetivo de aprendizagem que está sendo avaliado.
III) Identifique a qual nível cognitivo o objetivo está associado.
IV) Desmembre o objetivo em habilidades que são requeridas para a resolução da questão.
V) Avalie o alinhamento entre o objetivo de aprendizagem e o enunciado da sua questão.

Figura 4.6 Esquema para preenchimento com um objetivo autoral, seu nível cognitivo e as habilidades que o compõem.

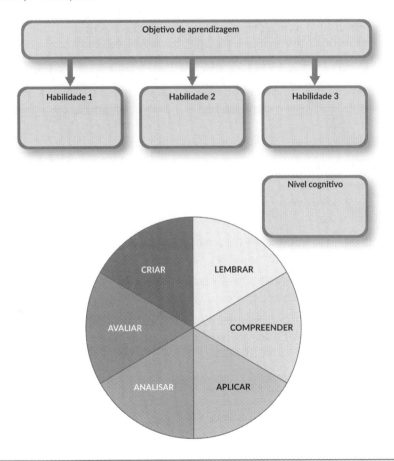

Checklist

- Identifique o objetivo a ser avaliado.
- Identifique a qual nível cognitivo da Taxonomia de Bloom esse nível cognitivo está alinhado.
- Ser for possível, desmembre um objetivo complexo em objetivos mais simples.
- Analise o alinhamento entre o objetivo pretendido e o enunciado da questão.

 O que você aprendeu neste capítulo?

Neste capítulo, você aprendeu que o nível cognitivo de dado objetivo de aprendizagem pode ser um elemento-chave para que possamos alinhar nossas avaliações com o que, efetivamente, desejamos que os alunos sejam capazes de fazer ao final de uma disciplina.

Você também aprendeu a identificar o nível cognitivo de um objetivo de aprendizagem de acordo com a Taxonomia Revisada de Bloom. Por fim, aprendeu a analisar o alinhamento entre o objetivo que se pretende avaliar e o enunciado da questão avaliativa.

 Referências

ANDERSON, L. W.; KRATHWOHL, D. R. *A Taxonomy for learning, teaching, and assessing*: a revision of Bloom's Taxonomy of educational objectives. Longman, 2001.

GIANESI, I. G.; MASSI, J. M.; MALLET, D. *Formação de professores no desenho de disciplinas e cursos*: foco na garantia de aprendizagem. São Paulo: Atlas, 2021.

HENRI, M.; JOHNSON, M. D.; NEPAL, B. A Review of Competency-Based Learning: tools, assessments, and recommendations. *Journal of Engineering Education*, v. 106, n. 4, p. 607-638, 2017.

KENNEDY, D. *Writing and using learning outcomes*. A Practical Guide, p. 1-103, 2016. Disponível em: https://www.cmepius.si/wp-content/uploads/2015/06/A-Learning-Outcomes-Book-D-Kennedy.pdf. Acesso em: 22 fev. 2022.

ZABALA, A.; ARNAU, L. *Como aprender e ensinar competências*. Porto Alegre: Artmed, 2010.

Capítulo **5**

TIPOS DE INSTRUMENTOS AVALIATIVOS

 OBJETIVOS DE APRENDIZAGEM DO CAPÍTULO

1. Diferenciar instrumentos de avaliação.
2. Relacionar tipos de instrumento com diferentes níveis cognitivos.
3. Avaliar a proposta de avaliação de uma disciplina comparada ao tipo de objetivo de aprendizagem escolhido e às características da disciplina e da turma.

O que fazer nesse contexto?

Há cinco anos, o professor Marcelo ministra aulas nas disciplinas Psicologia da Educação I e II, do curso de Pedagogia. Parece gostar muito das aulas, tanto de uma disciplina quanto da outra, e já está bastante acostumado a conduzir os cursos. Com os anos, foi fazendo ajustes e considera que, do ano passado para cá, o formato ficou bem adequado, com uma continuidade interessante entre as duas.

Para o próximo ano, ele foi convidado pela coordenação para assumir outro desafio: atuar junto aos alunos no Trabalho de Conclusão de Curso (TCC), que segue um formato de projeto. Cada estudante precisa trazer uma temática de suas observações de estágio que considera problemática na realidade local, para aprofundar nas análises e propor alguma sugestão de intervenção.

Em princípio, Marcelo considerou o desafio interessante. Novidades o atraem, acredita que sua atuação nas disciplinas já está bem ajustada. Nessa nova proposta, vai ficar com uma das duas Psicologias, à sua escolha, e mais a atuação no TCC.

A coordenadora solicitou a ele uma atualização do planejamento do TCC, para que ficasse mais alinhado com o que vem sendo feito nas demais disciplinas ministradas pelo docente. Com os planos de ensino e de aulas em mãos, ele começou revisando as metodologias escolhidas, considerando os objetivos do trabalho final. Gostou de fazer essas reflexões e escolhas, mas um ponto lhe gerou insegurança: como avaliar o projeto?

O professor Marcelo vem trabalhando com provas e atividades em sala, mas agora esses formatos não fazem mais sentido. Aplicar prova para alguém que está com projeto aplicado? Serão feitos atendimentos individuais com os estudantes, mas ficaria frágil a avaliação estar centrada apenas em suas percepções sobre a atuação dos estudantes ou uma autoavaliação.

Em seu entendimento, provas são mais fáceis de organizar e corrigir. Além disso, fica mais simples justificar para os estudantes as notas dadas, na medida em que há enunciados que indicam o que deve ser feito. Porém, não faz sentido para avaliações de projetos. Pesquisando um pouco, ele ainda não encontrou nada que o agrade. Sempre foi muito exigente com o tema "avaliação", mas agora parece que vai ficar mais difícil atribuir uma nota de fato justa com o desempenho dos estudantes em seus projetos...

O que pode estar acontecendo nessa situação?

O professor Marcelo tem dois pontos relevantes sobre a avaliação da aprendizagem dos estudantes. Ele expressa algumas dúvidas:

Deveria aplicar uma prova para estudantes que estão fazendo um projeto aplicado? Em princípio, nos parece que não. Dado que um projeto mobiliza dos estudantes diversas habilidades de forma mais complexa e articulada, provavelmente uma prova com questões não teria o mesmo nível de complexidade de uma prova convencional.

O projeto por si só não seria o suficiente para avaliar a aprendizagem e o propósito da disciplina? Sobre esse ponto, pode-se dizer que um projeto bem estruturado pode ser utilizado como um instrumento de avaliação. Se ele refletir os objetivos de aprendizagem da disciplina, pode ser utilizado tanto como uma avaliação em etapas, quanto em uma avaliação final.

Outro ponto destacado pelo professor Marcelo é a preocupação na atribuição da nota. Seriam os projetos mais complexos de serem avaliados? Em alguns casos, sim. Mas entender as especificidades de uma avaliação baseada em projetos pode contribuir muito para a aplicabilidade e a viabilidade desse tipo de instrumento, que costuma mobilizar mais habilidades em contextos complexos, fazendo com que dados valiosos dos estudantes sejam coletados.

Importante também ressaltar que, na medida em que selecionamos objetivos de aprendizagem cognitivamente mais complexos, não seria coerente presumir ser possível avaliá-los com instrumentos mais simples do ponto de vista cognitivo. Ou seja, a escolha de um instrumento avaliativo tem muito a ver com o nível de complexidade cognitiva do objetivo que se pretende desenvolver e avaliar.

Este capítulo aborda as características de diferentes tipos de instrumentos de avaliação, para auxiliá-lo a identificar aquele que melhor se encaixa aos objetivos de aprendizagem de uma disciplina.

De acordo com Anderson e Krathwohl (2001), um instrumento de avaliação é uma ferramenta de julgamento do trabalho dos estudantes, capaz de fornecer evidências para comunicar, controlar e melhorar o ensino-aprendizagem. Para que as informações de desempenho trazidas pelos instrumentos sejam usadas apropriadamente no diagnóstico de aprendizagem, há um cuidado na escolha e na elaboração dos instrumentos avaliativos.

Como podemos observar na Figura 5.1, os instrumentos podem ser divididos em duas categorias: abertos e fechados.

Figura 5.1 Definição de instrumentos abertos e fechados.

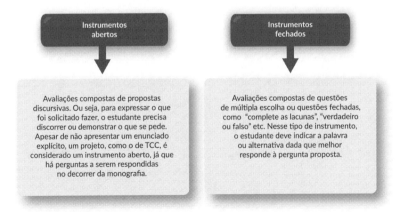

CRITÉRIOS PARA ESCOLHA DE INSTRUMENTO

A escolha do instrumento adequado é um passo importante se queremos usá-lo para intervir no processo de aprendizagem em uma disciplina específica ou mesmo no currículo como

74 | Avaliação para Gestão da Aprendizagem no Ensino Superior

um todo ou parte dele. Essa escolha envolve alguns aspectos interessantes que variam entre instituições, professores e disciplinas:

- **Complexidade do objetivo de aprendizagem avaliado**: esse é o aspecto mais importante. Objetivos mais simples, do ponto de vista cognitivo, no geral, podem ser bem avaliados por instrumentos delimitados, como questões de múltipla escolha, por exemplo. Objetivos mais complexos, por sua vez, demandam instrumentos mais robustos e que conferem maior amplitude ao que será entregue como resultado pelo estudante, como questões abertas, projetos, portfólios etc.

- **Tamanho da turma**: esse é um aspecto a se considerar, mas a complexidade do objetivo de aprendizagem deve ser o principal aspecto a ser considerado. Em turmas grandes, um instrumento aberto pode exigir mais dedicação na correção. Atualmente, com o avanço da inteligência artificial, é possível que parte do trabalho de correção, ao menos como uma correção inicial, possa ser feita por recursos tecnológicos. Também é possível agilizar a avaliação por meio de rubricas, tema que será abordado no Capítulo 8.

- **Foco da avaliação**: esse é um aspecto tão relevante quanto o do tamanho da turma e deve ser ressaltado no planejamento das dinâmicas da disciplina ou curso. As avaliações rápidas, como aquelas realizadas ao final de cada aula, podem ser mais aproveitadas se forem compostas de questões fechadas (múltipla escolha), dada a rapidez na correção e a disponibilidade de tecnologias que permitem uma rápida interpretação dos resultados da turma como um todo.

Para dar um panorama geral dos principais tipos de avaliação, disponibilizamos o Quadro 5.1. Ele elenca alguns tipos de instrumentos e suas características principais. Podemos observar como os tipos variam de acordo com sua composição, cobertura de conteúdo, impacto nas decisões dos estudantes e tempo de realização. Apesar dessa diversidade, o propósito é sempre checar o aprendizado, de um ou mais objetivos de aprendizagem.

Quadro 5.1 Tipos de instrumentos e suas características principais

Tipo	Nº de questões	Tipos de questões	Cobertura do conteúdo	Impacto na aprovação/ reprovação do estudante	Tempo de realização	Tamanho da turma
Quizzes	Poucas (<10)	Preencha as lacunas Múltipla escolha	Pequena	Baixo	Baixo	Grande
Testes	Muitas (40, 50 ou mais)	Preencha as lacunas Múltipla escolha Abertas com respostas curtas	Média	Médio	Médio	Grande/ Média
Exames ou provas	Depende da complexidade do assunto ou dos objetivos a serem avaliados	Múltipla escolha Abertas Depende da complexidade do assunto ou dos objetivos a serem avaliados	Alta	Alto	Alto	Pequena
Projetos	Objetivos complexos	Abertas e explicitadas, como perguntas de pesquisa	Média ou Alta	Alto	Alto	Pequena

Quiz

Os **quizzes**, como instrumentos com poucas questões e de resolução rápida, são adequados para verificação da aprendizagem de um ou no máximo dois objetivos de nível cognitivo simples. Por exemplo, imaginemos que se deseje, ao final de uma aula, avaliar a compreensão de curto prazo de conceitos tratados em dada aula. Esse instrumento pode ser usado com esse propósito, e, dependendo da tecnologia usada para entregá-lo, o resultado pode sair em tempo real, como no caso de formulários *on-line*.

De posse desses resultados, algumas dúvidas dos estudantes podem, inclusive, ser sanadas imediatamente. Por essas características, os *quizzes* geralmente não são utilizados para tomar grandes decisões a respeito dos alunos, como aprovação ou reprovação, apenas no caráter formativo.

A questão a seguir foi utilizada em um *quiz* de uma disciplina de Bioquímica de Proteínas. O objetivo da docente era avaliar se os estudantes memorizaram o que diferencia os aminoácidos entre si.

Objetivo de aprendizagem: Memorizar o conhecimento do conceito de estrutura de aminoácidos de maneira cuidadosa, com sucesso a partir da rota de aprendizado.

Exemplo:

Como os aminoácidos são diferenciados entre si?

A. Pela cadeia lateral.
B. Pelo carbono alfa.
C. Pelo átomo de hidrogênio.
D. Pelo grupo carboxila.

Gabarito: alternativa A.

Teste

Os testes são muito parecidos com os *quizzes*, com a diferença de que, dada a sua maior extensão, conseguem cobrir uma quantidade maior de objetivos de aprendizagem e conhecimentos mobilizados. Eles podem também incluir questões abertas, mas preferencialmente com respostas mais curtas e objetivas. Essas características permitem que sejam utilizados para testar objetivos de aprendizagem de nível cognitivo baixo ou médio, como "memorizar" ou "aplicar". Se colocados em um ambiente virtual, um *Learning Management System* (LMS), também chamado Ambiente Virtual de Aprendizagem (AVA), podem-se obter os resultados em tempo real, caso o formato das questões possibilite a correção automatizada.

Inúmeras questões do Enade, como as que temos trazido no decorrer desta obra, são consideradas testes. De fato, apesar de serem de múltipla escolha, são questões um pouco mais elaboradas e que são utilizadas para decisões importantes acerca das instituições de ensino superior por meio do Conceito Enade.

Observe o exemplo a seguir, extraído do Enade 2016 do curso de Enfermagem.

Enade 2016 – *Enfermagem – Questão 9*

A integração dos Centros de Atenção Psicossocial Álcool e Drogas (CAPS AD) com os demais serviços de saúde é fundamental para o diagnóstico de situações de risco e ações conjuntas para assistência a usuários de álcool e outras drogas.

Considerando as estratégias para aproximação do serviço de atenção básica de saúde com o usuário de drogas, ao se identificar usuário de *crack* em situação de risco por doença hipertensiva informada por familiares, deve-se providenciar

A. notificação urgente ao serviço policial.
B. indicação do usuário ao grupo terapêutico.
C. imediata solicitação de consulta especializada.
D. visita domiciliar e agendamento de consulta.
E. encaminhamento do usuário ao hospital psiquiátrico de referência.

Gabarito: alternativa D.

Fonte: Disponível em: https://download.inep.gov.br/educacao_superior/enade/provas/2016/enfermagem.pdf. Acesso em: 23 fev. 2023.

Essa questão é um item de múltipla escolha na qual o estudante precisa de um pouco mais de atenção para resolver, pois apresenta um texto de apoio e uma decisão a ser identificada nas alternativas.

Exame/Prova

O exame é um instrumento mais flexível, do ponto de vista de seu formato, em comparação com outros já citados neste capítulo. Um exame pode ter questões abertas, se aplicado em turmas pequenas e quando se deseja fazer uma intervenção em habilidades de nível cognitivo mais complexo, como Analisar e Avaliar. Esse mesmo exame pode ser utilizado para compor uma grande ou pequena proporção da nota dos alunos, a critério do professor. Ao mesmo tempo, um exame pode ter muitas questões de múltipla escolha, como as provas de vestibular, do Enem e do Enade, que são exames extensos, aplicados para milhares de estudantes, e são decisivos na vida do estudante ou da instituição para a qual são aplicados.

A questão a seguir, extraída do vestibular nacional da Universidade Estadual de Campinas (Unicamp), mostra como uma questão aberta pode ser utilizada em um exame que tem um aspecto decisivo importante na vida do estudante: a aprovação em um curso de nível superior em uma das melhores universidades do país.

Capítulo 5 • Tipos de Instrumentos Avaliativos | 77

 Unicamp 2022 – *Segunda Fase – Língua Portuguesa e Literaturas Interdisciplinares –* **Questão 1**

"Lygia é uma escritora que trabalha com mistérios e pequenas revelações. Porém não se entenda errado: sua escrita não é religiosa, nem mística. Se há religiosidade, é no modo como ela escava a banalidade em busca de seu miolo. Se há misticismo, ele se esconde em sua inclinação para valorizar as zonas subterrâneas da existência."

(José Castello, "Lygia na penumbra" in *Seminário dos Ratos*. São Paulo: Companhia das Letras, 2009. p. 170.)

"Etimologicamente, o grego alegoria significa 'dizer o outro', dizer alguma coisa diferente do sentido literal. Regra geral, a alegoria reporta-se a uma história ou a uma situação que joga com sentidos duplos e figurados, sem limites textuais (pode ocorrer num simples poema como num romance inteiro), pelo que também tem afinidades com a parábola e a fábula."

(Adaptado de Carlos Ceia, *E-dicionário de termos literários*. Disponível em: https://edftl.fcsh.unl.pt/encyclopedia/alegoria. Acesso em: 18 ago. 2021.)

a) No conto "Seminário dos ratos", há um fato banal que se torna extraordinário no percurso narrativo. Descreva esse fato e apresente dois elementos do enredo que colaboram para a construção do conflito narrado.
b) Há, no conto de Lygia Fagundes Telles, a elaboração de uma alegoria. Identifique qual é o elemento central dessa alegoria e explique seu sentido, considerando o período em que o conto foi publicado.

Fonte: Disponível em: https://www.comvest.unicamp.br/wp-content/uploads/2022/01/2022F2redporingcorrecao.pdf. Acesso em: 23 fev. 2023.

Projetos

Os projetos são o tipo mais complexo de instrumento abordado neste capítulo. Isso porque esse tipo de instrumento geralmente engloba um período relativamente grande de tempo e envolve a mobilização de diversas habilidades, que podem ser das mais simples às mais complexas, de maneira simultânea.

Imagine um TCC, como o que foi mencionado na situação fictícia introdutória deste capítulo. Além dos objetivos de aprendizagem do curso, esse trabalho traz aspectos de pesquisa científica que são transversais a todas as disciplinas tratadas em um programa de curto ou longo prazo. Dito isso, ainda há o aspecto da importância desse tipo de avaliação no curso em que o estudante está inserido, podendo ser o fator decisivo para que o estudante receba ou não um certificado de conclusão do curso.

78 | Avaliação para Gestão da Aprendizagem no Ensino Superior

Dada essa complexidade, os projetos devem ser avaliados com critérios e níveis de proficiência bem definidos. Além disso, geralmente há mais de um avaliador envolvido para deliberar sobre o desempenho do estudante. Trataremos sobre aspectos de correção e deliberação de projetos nos capítulos posteriores.

Exemplo:

No Programa Institucional de Bolsas de Iniciação Científica (PIBIC) do Conselho Nacional de Desenvolvimento Científico e Tecnológico (CNPq), o objetivo do projeto é iniciar os estudantes de graduação, sob a orientação de um professor pesquisador, no método científico e de técnicas de sua área de atuação. Observe a seguir as orientações de formulação desse projeto:

Na 2ª etapa de inscrição, o projeto de pesquisa deverá ser um arquivo PDF com no máximo 8 páginas que contenha:

1. Resumo.
2. Introdução.
3. Objetivos.
4. Métodos.
5. Cronograma de atividades.
6. Referências.
7. Tratando-se de aluno externo (outra instituição), o histórico acadêmico deverá ser anexado ao final do projeto.

Fonte: Instruções para submissão de projetos de Iniciação Científica PIBIC (CNPq), 2023.

Projetos dessa magnitude passam por constantes avaliações. Avaliações do professor-pesquisador, que orienta o estudante, e avaliações formais da instituição, que concede a bolsa ao candidato. No caso de projetos de iniciação científica, que têm duração de um ano, os estudantes passam por uma avaliação formativa após seis meses de concessão, para verificar o andamento do projeto, sua viabilidade de conclusão e fornecer *feedback*. E, por fim, ao final do período, o estudante passa por uma avaliação somativa para avaliar se atingiu os objetivos propostos.

ATIVIDADES AVALIATIVAS E TAMANHO DE TURMA

Transitando do ensino básico para o ensino superior, nos deparamos com os mais diversos tamanhos de turmas, assim como diferentes extensões de disciplinas. No ensino básico, as disciplinas em geral duram até dez meses, enquanto nos cursos de graduação, seis meses. Há também cursos de pós-graduação em que uma disciplina pode durar, em média, de três a seis meses.

Por exemplo, imagine que está lecionando uma disciplina de curto prazo, com duração de seis semanas. A turma em questão tem 150 alunos. Os objetivos de aprendizagem da turma estão transitando entre o analisar e o avaliar. Em um cenário como esse, pode ser pouco viável aplicar um exame com questões abertas, mesmo que se disponha de alguns recursos tecnológicos. Não haverá tempo hábil para as dinâmicas que estimulem esse nível cognitivo, tempo para formulação do instrumento de avaliação, aplicação, correção, devolutiva e intervenção no aprendizado dos estudantes (no caso de uma avaliação formativa).

Em casos como esse, poderia ser interessante pensar em avaliações mais delimitadas, como instrumentos de múltipla escolha. Nessas situações, para que não se perca a mensuração de objetivos cognitivamente mais exigentes, pode-se fragmentá-lo em habilidades mais simples, das quais se pode inferir o aprendizado de uma habilidade mais complexa.

Observe a Figura 5.2, utilizada no Capítulo 4 desta obra como Figura 4.4. Se o objetivo da questão for demonstrar e não houver possibilidade de avaliar essa habilidade diretamente, para se aproximar, pode-se avaliá-la por meio de um conjunto de questões com habilidades mais simples, abordando o lembrar e o associar. Portanto, nesse caso, o resultado conjunto dessas questões se aproximaria mais daquilo que o estudante deveria desempenhar.

Figura 5.2 Esquema mostrando que a habilidade demonstrar pode ser desmembrada em habilidades de nível cognitivo menos complexos.

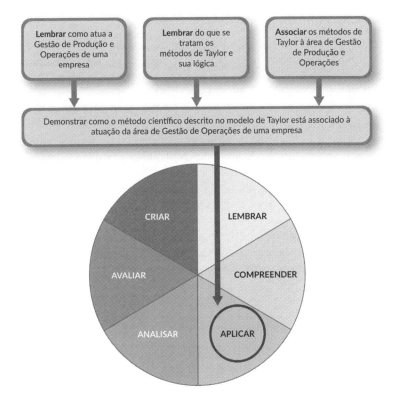

ASPECTOS TECNOLÓGICOS

Há aspectos tecnológicos que podem facilitar a aplicação de instrumentos de avaliação. Por exemplo, a utilização, por parte das instituições, de LMS ou AVA.

80 | Avaliação para Gestão da Aprendizagem no Ensino Superior

Principalmente em disciplinas de alta demanda, que, em geral, contam com quantidade maior de alunos, os AVAs conseguem otimizar a aplicação, correção e tabulação dos resultados de avaliações, sejam eles de múltipla escolha, abertos ou projetos.

Para as questões de múltipla escolha, esses sistemas oferecem correções automáticas, e para os instrumentos abertos, a correção por meio de rubrica inserida no próprio sistema. Após esse processo, o professor pode obter os resultados dos estudantes, que poderão ser utilizados para análises do aprendizado e posteriores intervenções na disciplina.

ATIVIDADE INDIVIDUAL OU EM GRUPO

A escolha de aplicação de uma avaliação individual ou em grupo depende basicamente do propósito do professor, uma vez que na avaliação em grupo não é possível, após a correção da atividade, ter um diagnóstico individual de cada estudante de maneira precisa. Quem trabalhou mais? Quem trabalhou menos? Diante disso, na avaliação da aprendizagem, se o objetivo é identificar os *gaps* dos estudantes individualmente, o ideal é aplicar atividades individuais. Esse ponto ficará mais claro nos capítulos posteriores.

O QUE É ESCREVER UM ENUNCIADO CLARO?

Como professores, dado o contato contínuo com os assuntos que lecionamos, muitas vezes pressupomos, ao elaborar nossas questões, aspectos que na verdade estão implícitos para os alunos. Mesmo que os estudantes tenham contato constante com o tópico avaliado, a interpretação não é trivial, já que embasado por um mesmo conteúdo diversas habilidades podem ser praticadas e pode deixar margem para um desenvolvimento errôneo da resposta.

Dito isso, chegamos à conclusão de que o enunciado não se resume a um alinhamento com o conteúdo e ao objetivo de aprendizagem que se pretende avaliar. O estudante precisa entender claramente o que está solicitado para que ele concentre seus esforços em expressar o desempenho que se deseja. Nessa perspectiva, explicitar o que se quer não significa facilitar. Significa direcionar os esforços do estudante para o que realmente importa na avaliação.

Vamos observar o exemplo da questão a seguir, extraída da prova de conhecimentos específicos do Enade 2021 de Pedagogia. Nessa questão, é apresentado um texto-base que trata de uma situação vivida em uma sala de aula do ensino fundamental.

? **Enade 2021** – *Pedagogia – Questão Discursiva 4*

Um aluno do segundo ano do ensino fundamental apresenta um comportamento diferente dos demais alunos. Sempre desanimado, não consegue acompanhar a turma, dorme nas aulas e não interage com os outros, isolando-se. Já está na escola há 2 anos e, a supervisora procurou a família por várias vezes, informando sobre as dificuldades

Capítulo 5 • Tipos de Instrumentos Avaliativos | 81

que ele apresentava. Os familiares demonstraram resistência, dizendo que ele estava apenas com preguiça de estudar, argumentando que em casa ele era muito atento e agia normalmente. A supervisora e a professora continuaram a observar o aluno em suas atividades e percebiam que piorava a cada dia. Inicialmente, achando que era apenas uma criança tímida, propuseram que se assentasse em uma das primeiras carteiras, mas ele se recusou. Continuaram a observá-lo e descobriram que os outros alunos o titulavam de "burro", pois parecia não aprender e não copiava nada do quadro. Em seu caderno quase não havia registro, e o que se via escrito sempre estava incompleto. A escola novamente teve que intervir, informando aos pais que procurassem um especialista com urgência, suspeitando de algum problema de vista e alertando-os sobre os prováveis prejuízos para a criança, que poderia até repetir o ano, caso não conseguisse acompanhar a turma nas atividades. Constatando que os apelos não eram atendidos pela família, a instituição encaminhou o aluno para um oftalmologista, que confirmou a suspeita. Só não se imaginava que fosse tão grave: o aluno tinha baixa visão.

ROSA, P. R. Dificuldade de Aprendizagem. *In*: Revista Eletrônica: "O Caso é o Seguinte...". *Coordenação Pedagógica*: coletânea de estudos de casos. Pontifícia Universidade Católica de Minas Gerais – v. 1, n. 2 ago./dez. Belo Horizonte: ICH – PUC Minas, 2008, p. 175 (adaptado).

Considerando a situação apresentada, discorra sobre três ações que contribuam para a inclusão desse aluno com baixa visão na turma. (Valor: 10,0 pontos)

Uma criança é observada, após apresentar comportamento diferente dos demais estudantes da classe. O estudante se isola, não consegue copiar as informações da lousa, consequentemente não consegue acompanhar os demais colegas da turma. Descobre-se que o aluno em questão tem baixa visão.

O enunciado pede que o estudante discorra a respeito de três ações que contribuam para inclusão do aluno com baixa visão da turma.

Ao observar o padrão de resposta fornecido, percebemos que são fornecidos exemplos de ações que poderiam ser tomadas não apenas para incluir o estudante na turma, mas para facilitar seu aprendizado. Justamente pelo fato de o padrão de respostas trazer exemplos e não uma resposta mais delimitada do estudante, já percebemos que a questão deixa um amplo aspecto de possibilidades.

Esse fato parece aumentar as chances de acerto dos estudantes, mas na verdade ele dificulta, pois o escopo é tão amplo que podem surgir respostas que não estão previstas no padrão de resposta. Nesse caso, seria muito interessante se no enunciado fosse sugerido o âmbito das ações sobre as quais os estudantes devem discorrer a respeito.

Por exemplo, de acordo com o padrão de respostas, podemos classificar essas ações em quatro grandes grupos:

* Estruturais, na sala de aula, que favoreçam o aprendizado do estudante, como organização de carteiras e aquisição de recursos de tecnologia assistida.

* Formativas com os estudantes, como atividades que estimulem a socialização e o combate ao *bullying*.

- Familiares, como interação entre a família e a escola.
- Pedagógicas, como mudanças curriculares e trabalho conjunto dos professores com a gestão pedagógica da escola.

O desenvolvedor da questão poderia ter optado por apenas um desses aspectos, ou ter citado os grandes grupos de ações nas quais os estudantes poderiam se basear. Isso poderia direcionar melhor a resposta dos alunos e explicitar os conteúdos sobre os quais se espera uma resposta ideal.

Padrão de resposta: O respondente deve relacionar e explicar três ações, como as exemplificadas a seguir, para a inclusão do aluno com baixa visão:
- Alteração na organização das carteiras de modo que o aluno possa se assentar em um local que ajude na realização das atividades.
- Utilização de recursos de comunicação alternativa ou tecnologia assistiva (prancha, lupa, *softwares* ledores, ampliação de materiais impressos ou digitais, contraste de cores, materiais em áudio, impressão em braile, entre outros) para que possa auxiliar na interação e no processo de ensino-aprendizagem.
- Proposição de atividades que ajudem na socialização e desenvolvimento afetivo e de combate ao *bullying*.
- Promoção de interação entre família e escola.
- Ampliação do tempo para a realização das atividades na escola, incluindo as atividades avaliativas.
- Articulação do trabalho docente com a equipe gestora pedagógica da escola.
- Realização de adaptações curriculares.

Fonte: Disponível em: https://download.inep.gov.br/enade/padrao_resposta/2021_licenciatura_pedagogia.pdf. Acesso em: 23 fev. 2023.

Vamos praticar?

O professor Gale leciona uma disciplina de Metabolismo em duas turmas de 45 alunos do curso de graduação em Ciências Biológicas. Além disso, o professor divide sua responsabilidade com a pesquisa e a orientação de estudantes pesquisadores em seu laboratório. Suas turmas de estudantes de graduação estão divididas em dois períodos: diurno e noturno. Essa disciplina apresenta um conteúdo denso que exige não apenas um conhecimento em biologia molecular, como também a aplicação de conceitos matemáticos, físicos e químicos. Diante desse cenário e considerando os tipos de instrumento que conheceu neste capítulo, avalie o(s) tipo(s) de avaliação(ões) mais adequado(s) para a gestão da aprendizagem da disciplina de Gale e sua disposição no decorrer da disciplina.

 **Faça você mesmo**

Faça um levantamento dos instrumentos de avaliação da sua disciplina e utilizando os conhecimentos aprendidos neste capítulo, avalie os seguintes aspectos relacionados à adequação dos seus instrumentos de avaliação:

- Quantidade de estudantes presentes em sua turma.
- Número de questões.
- Tempo de realização.
- Nível cognitivo do objetivo de aprendizagem avaliado.
- Cobertura do conteúdo (pequena, média, alta).
- Peso das avaliações na decisão a ser tomada a respeito do desempenho do estudante.

Preencha a tabela a seguir para facilitar a visualização e avaliação de seus instrumentos.

Avaliação	Nº de questões	Tipos de questões	Cobertura do conteúdo	Impacto na aprovação/reprovação do estudante	Tempo de realização
Avaliação Diagnóstica					
Avaliação Intermediária I					
Avaliação Intermediária II					
Avaliação Final					

 Checklist

- Verifique a quantidade de estudantes presentes em sua turma.
- Analise o número de questões comparado ao tipo de instrumento utilizado.
- Preveja o tempo de realização da avaliação dependendo do instrumento.
- Identifique o nível cognitivo do objetivo de aprendizagem avaliado.
- Mensure a cobertura do conteúdo (pequena, média, alta).
- Avalie o peso das avaliações na decisão a ser tomada a respeito do desempenho do estudante.

O que você aprendeu neste capítulo?

Neste capítulo, aprendemos a avaliar o melhor tipo de instrumento de avaliação de acordo com o objetivo de aprendizagem, bem como diferentes características da disciplina e da turma.

Aprendemos também como colocar em prática processos que garantem a qualidade das questões que compõem os instrumentos de avaliação, para garantir uma coleta válida e de resultados confiáveis da aprendizagem dos estudantes.

 Referências

ANDERSON, L. W.; KRATHWOHL, D. R. *A Taxonomy for learning, teaching, and assessing*: a revision of Bloom's Taxonomy of educational objectives. Longman, 2001.

DYLAN, W. What is assessment for learning? *Studies in Educational Evaluation*, v. 37, n. 1, p. 3-14, 2011.

INSTITUTO NACIONAL DE ESTUDOS E PESQUISAS EDUCACIONAIS ANÍSIO TEIXEIRA (Inep). *Guia de Elaboração e Revisão de Itens*. v. 1, p. 1-20, 2010.

KUH, G. D.; JANKOWSKI, N.; IKENBERRY, S. O.; KINZIE, J. L. Knowing What Students Know and Can Do: the Current State of Student Learning Outcomes Assessment in U.S. Colleges and Universities. *National Institute for Learning Outcomes Assessment*, Issue jan. 2014. Disponível em: https://www.learningoutcomesassessment.org/wp-content/uploads/2019/02/2013AbridgedSurveyReport.pdf. Acesso em: 18 jul. 2023.

SUHR, I. *Avaliação da aprendizagem*. Rio de Janeiro: Freitas Bastos, 2022.

Capítulo **6**

INSTRUMENTOS FECHADOS – QUESTÕES DE MÚLTIPLA ESCOLHA

 OBJETIVOS DE APRENDIZAGEM DO CAPÍTULO

1. Identificar características de um instrumento avaliativo objetivo.
2. Avaliar enunciados e detratores de questões de múltipla escolha, visando assegurar sua clareza e plausibilidade.

Era mais difícil do que parecia...

Um bom aspecto de atuar no ensino superior é a possibilidade de poder ter outras atividades profissionais além da docência propriamente dita. O professor André tem uma consultoria financeira e consegue conciliar essa atividade com as aulas ministradas no período noturno e no Ensino a Distância (EaD) da faculdade em que trabalha há cinco anos. Recentemente, recebeu um novo convite para atuação profissional: formular questões para um instituto que precisava aplicar um exame de múltipla escolha para seleção de profissionais de Gestão Financeira, sua área de atuação.

Ele gostou da proposta e considerou que sua experiência de dez anos elaborando provas lhe permitiria fazer as questões com alguma facilidade. Em suas provas, sempre fez testes e questões abertas para avaliar o aprendizado dos estudantes e imaginou que a produção seria na mesma linha que já estava acostumado.

Com a bibliografia de referência, os conteúdos e as habilidades a serem avaliadas em mãos, André elaborou os 20 testes solicitados em um final de semana. Ele se dedicou de maneira concentrada, conseguindo enviar as questões no final do domingo.

Uma semana depois do envio, veio a devolutiva: alguns dos testes elaborados tinham sido recusados, com a justificativa de que eles "não estavam alinhados às habilidades indicadas". Os demais testes traziam alguns comentários sobre formato, e outros questionavam a forma como algumas alternativas incorretas haviam sido elaboradas.

Quando leu as habilidades indicadas, André se focou mais nos conhecimentos que apareciam ali. Uma das habilidades era "analisar fluxo de caixa descontado". Com base nisso, fez três perguntas sobre o assunto, pedindo cálculos simples. Já não era o bastante?

O que pode estar acontecendo nessa situação?

O que está acontecendo com o professor André reflete uma crença comum que envolve o desenvolvimento de questões de múltipla escolha: "elas são fáceis de se desenvolver". É só escrever uma pergunta, elaborar cinco alternativas, e pronto: tem-se uma questão. Essa falsa praticidade pode ser a causa da ideia de que instrumentos compostos exclusivamente de questões de múltipla escolha não são adequados para a avaliação da aprendizagem. A verdade é que todo tipo de instrumento tem seus pontos fortes e fracos, dependendo do propósito da avaliação, do tamanho da turma e da maneira como são desenvolvidos. No entanto, entendemos que nenhum formato avaliativo deve ser considerado bom ou ruim *a priori*, sem que sejam considerados aspectos contextuais em que dada avaliação se insere.

Salientamos desde já que instrumentos mais delimitados, como aqueles compostos de questões de múltipla escolha, não necessariamente são mais fáceis de se desenvolver. Como sua estrutura direciona o raciocínio do estudante para determinada ação, nem sempre é trivial desenvolver um enunciado e alternativas que desempenhem esse papel de maneira satisfatória.

Um ponto também que nos chama a atenção no ocorrido com a produção do professor André foi o fato de ele ter tido questões recusadas por "não estarem alinhadas às habilidades que se pretendia avaliar". No caso, pelo comentário do docente, ele talvez tenha feito questões sobre conceitos, seleção de informações e cálculos, mas ficamos com uma dúvida: será que os alunos realmente precisariam fazer uma análise para responder às questões que ele propôs?

A situação parece ilustrar, mais uma vez, um aspecto que temos comentado no decorrer dos capítulos até aqui: os instrumentos de avaliação não se centram somente nos conteúdos, mas também em aspectos cognitivos que são mobilizados durante a realização da atividade por parte dos estudantes.

Em exames nacionais e internacionais de avaliação da aprendizagem, as provas elaboradas costumam ser baseadas em uma matriz de habilidades que se pretende avaliar, porque se entende que avaliar a aprendizagem, do ponto de vista cognitivo, diz respeito a operações mentais que deveriam ter sido aprendidas pelo estudante (ou candidato, no caso de um exame seletivo) e que serão avaliadas em determinada prova.

Nesses casos, como não há uma proposta curricular organizada a ser avaliada, e sim um conjunto de competências e habilidades que se pretende avaliar em dado contexto, quem está avaliando não tem objetivos de aprendizagem a desenvolver, dado que não se trata de uma instituição que se propõe a oferecer cursos. É um instituto que se propõe a avaliar um conjunto de competências e habilidades que em dado contexto se pretende avaliar. É o mesmo contexto do Inep, por exemplo, quando desenvolve provas como o Enem e o Enade.

Segundo Haladyna, Downing e Rodrigues (2002), há diferentes formatos de questões (também chamados de itens) objetivos. Elas podem ser "verdadeiras ou falsas", preenchimento de lacunas, testes para relacionar colunas, múltipla escolha, entre outras.

Para o Inep, uma questão ou item é um instrumento de coleta de dados. No contexto brasileiro, destaca-se o formato múltipla escolha, "definidos como aqueles que permitem ao participante do teste escolher a resposta entre várias alternativas, das quais apenas uma é correta".

Nessa perspectiva, os objetivos deste capítulo são guiá-lo para o desenvolvimento de questões de múltipla escolha que são adequadas para o diagnóstico da aprendizagem e discutir a pertinência de questões objetivas para a avaliação da aprendizagem.

QUESTÕES DE MÚLTIPLA ESCOLHA

Como vimos, há diferentes modelos de questões objetivas, e um dos mais utilizados em nosso contexto brasileiro é a questão de múltipla escolha. Esse modelo será o foco de nossas discussões daqui em diante neste capítulo.

Partimos da premissa de que o processo de desenvolvimento de um item de múltipla escolha é um processo cuidadoso e alvo de muitos estudos. Observe o *roadmap* de utilização de questões de múltipla escolha proposto por Considine, Botti e Thomas (2005). Exames compostos de questões de múltipla escolha e que são utilizados para se tomar grandes decisões a respeito do aprendizado dos alunos devem passar por um processo criterioso, como o apresentado na Figura 6.1.

Figura 6.1 *Roadmap* de desenvolvimento de instrumentos de avaliação de múltipla escolha.

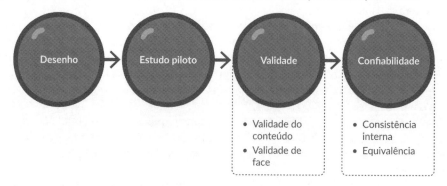

Fonte: adaptação e tradução livre das autoras (CONSIDINE; BOTTI; THOMAS, 2005).

Haladyna, Downing e Rodrigues (2002) publicaram uma revisão de um protocolo para a escrita de itens de múltipla escolha para avaliação em sala de aula. Nessa revisão, eles elencaram os principais tipos de questões de múltipla escolha citados em livros-texto. Os tipos mais citados foram as questões de múltipla escolha convencionais, com enunciado e três a cinco alternativas, questões de associar a primeira coluna com a segunda e verdadeiro ou falso com apenas uma afirmativa para ser julgada.

O número de alternativas que uma questão de múltipla escolha apresenta entra em um aspecto que será tratado adiante nesta obra: a confiabilidade dos instrumentos. Os aspectos de confiabilidade estão relacionados ao quanto um instrumento é capaz de mensurar todos os estudantes avaliados com uma mesma régua. É sabido que questões de múltipla escolha com cinco alternativas são mais confiáveis que questões com duas ou três alternativas, em parte, porque um número maior de alternativas diminui a chance de acerto "por chutes".

Neste capítulo, vamos abordar os aspectos principais que envolvem a etapa de desenho de uma questão de múltipla escolha: a clareza da questão e os itens que compõem seu formato (texto-base, enunciado e alternativas), detratores ou hipóteses de erro, gabarito e extensão das alternativas.

No mesmo artigo citado anteriormente (HALADYNA; DOWNING; RODRIGUES, 2002), os autores fizeram um levantamento dos principais pontos de atenção no desenvolvimento de itens de múltipla escolha. De acordo com a literatura e os professores consultados, os aspectos mais importantes a serem observados são (em ordem de importância):

1º Ideia central presente no enunciado.
2º Evitar dicas.
3º Apresentar detratores plausíveis. Isso significa que a utilização de detratores com opções absurdas ou que não estão relacionados com o enunciado pode significar o desperdício de uma alternativa, já que o estudante o descartará primeiro por não se tratar do assunto da questão.
4º Alternativas de tamanhos e estrutura gramatical semelhantes. Quando realizamos testes de múltipla escolha, tendemos a eliminar ou considerar mais aquelas alternativas que se destacam das demais. Para evitar esse viés, é interessante construir todas as alternativas de maneira similar, para que, novamente, o foco seja destinado à habilidade que o estudante deve desempenhar naquela questão.

5º Utilizar materiais novos.
6º Oferecer direcionamento claro para o estudante. As alternativas não devem induzir ao erro ("pegadinhas"). A indução ao erro é uma falha comum em questões de múltipla escolha que pode desviar o estudante do foco principal: mobilizar a habilidade descrita no enunciado. Não há necessidade de induzir os estudantes ao erro se o foco da questão é avaliar seu aprendizado.
7º Utilizar conteúdos importantes e não triviais.
8º Utilizar apenas um conteúdo e uma ação a ser desempenhada.
9º Utilizar vocabulário simples.
10º Escrever detratores plausíveis o quanto puder. Em nossa experiência docente, ao longo tempo, temos algumas percepções sobre o que os estudantes mais erram nos assuntos avaliados. Essas percepções são valiosas nas questões de múltipla escolha.
11º Apenas uma resposta correta. Além disso, a indicação do gabarito deve estar correta, para evitar reconsiderações no desempenho dos estudantes e identificação de hipóteses erradas de *gaps* no aprendizado.
12º Evitar a alternativa "nenhuma das anteriores" ou "todas as anteriores".
13º Evitar proposições negativas, com palavras semelhantes ou com determinantes específicos (sempre, nunca, completamente e absolutamente), para que isso não cause confusão com demais afirmativas.
14º Utilizar erros comuns dos estudantes como alternativas erradas. Em nossa experiência docente, ao longo do tempo, temos algumas percepções sobre o que os estudantes mais erram nos assuntos avaliados. Essas percepções são valiosas nas questões de múltipla escolha. A adição dessas percepções como detratores pode confirmar ou refutar nossas hipóteses de dificuldades e direcionar o *feedback* após avaliação.

Exemplos:

Fuvest 2018 – *Questão 69*

Examine o cartum.

Fonte: Frank e Ernest – Bob Thaves. *O Estado de S. Paulo*. 22.08.2017.

90 | Avaliação para Gestão da Aprendizagem no Ensino Superior

O efeito de humor presente no cartum decorre, principalmente, da

A. semelhança entre a língua de origem e a local.
B. falha de comunicação causada pelo uso do aparelho eletrônico.
C. falta de habilidade da personagem em operar o localizador geográfico.
D. discrepância entre situar-se geograficamente e dominar o idioma local.
E. incerteza sobre o nome do ponto turístico onde as personagens se encontram.

Gabarito*: alternativa D.*

Fonte: Disponível em: https://acervo.fuvest.br/fuvest/2018/fuv2018_1fase_prova_V.pdf. Acesso em: 23 fev. 2023.

Se observarmos o *checklist* proposto por Haladyna, Downing e Rodrigues (2002), alguns pontos podem ser melhorados na questão, como:

* Manter a mesma estrutura gramatical em todas as alternativas.

* Utilizar apenas um assunto na composição das alternativas.

? Enade 2015 – *Formação Geral – Questão 2*

A ideia segundo a qual todo ser humano, sem distinção, merece tratamento digno corresponde a um valor moral. O pluralismo político, por exemplo, pressupõe um valor moral: os seres humanos têm o direito de ter suas opiniões, expressá-las e organizar-se em torno delas. Não se deve, portanto, obrigá-los a silenciar ou a esconder seus pontos de vista; vale dizer, são livres. Na sociedade brasileira, não é permitido agir de forma preconceituosa, presumindo a inferioridade de alguns (em razão de etnia, raça, sexo ou cor), sustentando e promovendo a desigualdade. Trata-se de um consenso mínimo, de um conjunto central de valores, indispensável à sociedade democrática: sem esse conjunto central, cai-se na anomia, entendida como ausência de regras ou como total relativização delas.

BRASIL. *Ética e Cidadania*. Brasília: MEC/SEB, 2007 (adaptado).

Com base nesse fragmento de texto, infere-se que a sociedade moderna e democrática

A. promove a anomia, ao garantir os direitos de minorias étnicas, de raça, de sexo ou de cor.
B. admite o pluralismo político, que pressupõe a promoção de algumas identidades étnicas em detrimento de outras.
C. sustenta-se em um conjunto de valores pautados pela isonomia no tratamento dos cidadãos.

D. apoia-se em preceitos éticos e morais que fundamentam a completa relativização de valores.

E. adota preceitos éticos e morais incompatíveis com o pluralismo político.

Gabarito*: alternativa C.*

Fonte: Disponível em: https://download.inep.gov.br/educacao_superior/enade/provas/2015/01_administracao. pdf. Acesso em: 23 fev. 2023.

Nessa questão do Enade 2015, podemos destacar diversos pontos de atenção mencionados por Haladyna, Downing e Rodrigues (2002); aqui, abordaremos dois desses pontos:

1. A plausibilidade dos detratores. Apesar de estarem relacionadas com o texto-base da questão, as alternativas "A" e "B" poderiam ser descartadas, porque representam alternativas que dizem exatamente o oposto do que o texto define como anomia e pluralismo político.

2. Utiliza detratores com escrita muito semelhante que podem confundir os estudantes, como as alternativas "D" e "E".

Nesse momento, vamos tratar alguns aspectos centrais para a boa formulação de questões de múltipla escolha, são eles:

* **Clareza do que está sendo avaliado**: qual é o objetivo de aprendizagem e o conteúdo que a ele associado.

* **Formato de uma questão objetiva**: texto-base, enunciado e alternativas – detratores (hipóteses de erro), gabarito, extensão das alternativas.

CLAREZA DO QUE ESTÁ SENDO AVALIADO NA QUESTÃO OBJETIVA

Como já comentamos no decorrer deste livro, o alinhamento entre as atividades avaliativas e os objetivos de aprendizagem de uma disciplina é uma premissa fundamental para que possamos, de fato, ter um processo avaliativo focado na aprendizagem.

Isso ocorre porque, na medida em que avaliamos o que o estudante sabe ou não fazer, considerando conteúdos dados, temos condições de verificar, com mais clareza, se o raciocínio proposto para a realização de uma dada atividade foi formulado de forma adequada ou, caso tenha havido algum problema no desenvolvimento da resposta, em que momento desse raciocínio houve algum desvio de caminho.

Essa informação é muito preciosa, uma vez que nos permite intervir na aprendizagem quando ela não está adequada de forma mais assertiva. Temos a real clareza do que o aluno não está sabendo fazer e quantos alunos, em uma turma, estão tendo o mesmo problema.

Vamos explorar mais adiante as partes que compõem uma questão objetiva, mas um ponto já pode ser antecipado: quaisquer atividades avaliativas, mesmo as que não são objetivas, devem apresentar no enunciado a instrução ao estudante para que ele possa compreender o que deve ser feito. O enunciado é um ponto importante no processo de alinhamento entre um dado objetivo de aprendizagem e uma atividade avaliativa. Se queremos que os

92 | Avaliação para Gestão da Aprendizagem no Ensino Superior

estudantes sejam capazes de "analisar algo", como havia sido solicitado ao professor André, é fundamental que as atividades exijam análises dos estudantes, por meio do enunciado. Não que a palavra "análise" deva, necessariamente, estar escrita. Mas o que vai ser solicitado deve exigir que o estudante "subdivida um todo em partes menores, para compreender como se relacionam".

Vamos ver um exemplo concreto.

Objetivo de aprendizagem avaliado: Calcular o valor futuro de um ativo por meio da teoria de não arbitragem.

Enunciado:

Se o preço à vista de um ativo de investimento que não propicia nenhum tipo de investimento é R$ 60,00, qual deve ser o preço a termo para entrega em seis meses (126 dias úteis), se a taxa de juros para esse período é de 18% a.a. (convenção BACEN):

a) R$ 60,10
b) R$ 63,40
c) R$ 65,20
d) R$ 67,30
e) R$ 69,50

Fonte: NGA. *Materiais para AoL*. Insper, 2021.

Como podemos notar, a palavra "calcule" não aparece no enunciado proposto. Por outro lado, o que se espera do estudante é que ele seja capaz de calcular o valor futuro do ativo, usando a teoria da não arbitragem.

Pode observar que a resposta esperada deixa claro que a grande ação cognitiva a ser realizada é o cálculo do ativo, com base no conhecimento apresentado na teoria da não arbitragem:

Padrão de resposta: A formação de preço futuro que não oferece oportunidade de arbitragem (preço justo) é dada pela aplicação de juros sobre o preço à vista. Dessa forma, temos que F (preço futuro justo) = $60 \times (1 + 18\%)^{(126/252)} = 65,2$.

Gabarito: alternativa C.

Formato de uma questão objetiva

Como vimos, o enunciado é parte primordial de uma questão, uma vez que ele deve garantir o alinhamento com os objetivos de aprendizagem e delimitar o raciocínio dos estudantes para o que se quer avaliar. O enunciado deve explicitar claramente a ação que o estudante deve desempenhar para resolver a questão. Isso significa que, se o estudante deve mobilizar "relacionar informações e dados", o enunciado deve solicitar essa ação, mesmo que o verbo "analisar" não seja propriamente expresso.

Conforme a Figura 6.2, para aprofundarmos no aspecto do enunciado, falaremos também sobre os textos-base que podem acompanhar o enunciado de questões de múltipla escolha. Geralmente, são trechos de livros, artigos de revista, notícias ou uma descrição técnica para auxiliar o estudante a mobilizar a habilidade requerida na questão. Textos-base com finalidade decorativa acabam confundindo os estudantes e nos levando a cair no problema de clareza abordado no Capítulo 4, na seção sobre clareza do enunciado.

Figura 6.2 Definições de texto-base e enunciado.

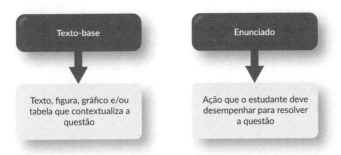

A seguir, temos dois exemplos de questões da Fuvest de 2022. No primeiro, temos uma questão de múltipla escolha que tem enunciado e alternativas; no segundo exemplo, a questão tem um texto-base, enunciado e alternativas.

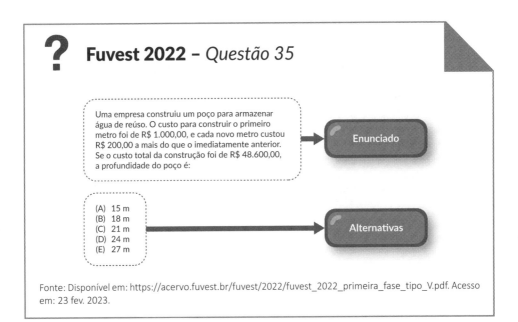

Fonte: Disponível em: https://acervo.fuvest.br/fuvest/2022/fuvest_2022_primeira_fase_tipo_V.pdf. Acesso em: 23 fev. 2023.

94 | Avaliação para Gestão da Aprendizagem no Ensino Superior

? Fuvest 2022 – *Questão 58*

Uma mancha de petróleo com mais de 3.000 km de extensão se espalhou por praias e manguezais da costa da região nordeste e parte do sudeste, atingindo áreas marinhas protegidas como o Parque Nacional Marinho de Abrolhos, um dos principais bancos de corais e berço de biodiversidade do Atlântico Sul. Desde que foi detectada pela primeira vez, no dia 30 de agosto de 2019, a mancha de petróleo atingiu cerca de 900 locais em mais de 127 municípios em 11 estados. A origem do petróleo está estimada em algum local a leste do litoral do estado de Pernambuco, distante, aproximadamente, 600 km da linha de costa.

Disponível em: https://www.wwf.org.br/. 2019. Adaptado

Texto-base

Com base em seus conhecimentos sobre o litoral brasileiro e as correntes marítimas superficiais que margeiam a costa, assinale a alternativa correta que aponta o fator que contribuiu para a dispersão do petróleo.

Enunciado

(A) As reentrâncias e os recortes do litoral brasileiro, com sua geomorfologia costeira, foram responsáveis pelo impacto ambiental causado pelo derramamento de petróleo.

(B) A presença de correntes marítimas frias em superfície, características dessa região, com elevado potencial de transporte de sedimentos, acentuou a dispersão do petróleo.

(C) A corrente marítima das Falkland (Malvinas), que margeia a costa brasileira até o litoral da região nordeste, com águas frias em superfície, potencializou a dispersão do petróleo.

Alternativas

(D) A reduzida profundidade média do litoral brasileiro favoreceu a dispersão do petróleo ao longo da costa de norte a sul, resultando em impactos negativos, em especial para a fauna marinha.

(E) A corrente marítima do Brasil, que é caracterizada pelo movimento de águas superfícies quentes ao longo da linha de costa e provenientes do Atlântico Equatorial, espalhou o petróleo.

Fonte: Disponível em: https://acervo.fuvest.br/fuvest/2022/fuvest_2022_primeira_fase_tipo_V.pdf. Acesso em: 23 fev. 2023.

Observe a questão a seguir, extraída do vestibular nacional da UNICAMP 2022.

Unicamp 2022 – *Primeira Fase* – Questão 65

O Programa Mundial de Alimentos da Organização das Nações Unidas (PMA-ONU) foi agraciado com o prêmio Nobel da Paz em 2020. No Brasil, um dos maiores produtores de alimentos do mundo, quatro em cada 10 famílias não tiveram acesso diário, regular, e permanente à quantidade suficiente de comida em 2017 e 2018. A fome é declarada quando a desnutrição é generalizada e quando as pessoas começam a morrer por falta de alimentos nutritivos e suficientes. A diversidade dos alimentos ingeridos garante nutrientes para o desempenho ideal das funções do organismo.

(Fonte: UNITED NATIONS [UN]. World Food Program. *What is famine?* Disponível em https://www.wfp.org/stories/what-is-famine. Acessado em 08/06/2021.)

Assinale a alternativa correta sobre os nutrientes e sua importância para a saúde humana.

A. A hidrólise dos carboidratos essenciais fornece aminoácidos para a formação das proteínas, as quais têm função construtora de diferentes tecidos.
B. Os lipídios contêm desoxirriboses e ácidos graxos, constituem as membranas plasmáticas e participam da síntese de colesterol no organismo.
C. Os sais minerais são substâncias inorgânicas essenciais para diversas funções do organismo, como a síntese de glicogênio, de proteínas e de vitaminas.
D. As vitaminas atuam como antioxidantes e são substâncias energéticas cuja composição fornece ao organismo glicídios utilizados na respiração celular.

Gabarito: *alternativa C.*

Fonte: Disponível em: https://www.comvest.unicamp.br/vest2022/F1/f12022Q_X.pdf. Acesso em: 23 fev. 2023.

A questão é da disciplina de Biologia e tem como objetivo identificar a função e/ou a composição correta dos diferentes nutrientes listados. O texto-base que acompanha a questão, apesar de informativo e interessante, não é necessário para responder corretamente à questão. O vestibulando poderia pular essa leitura e utilizar apenas o enunciado direto para respondê-la.

Em um exame nacional composto por questões de múltipla escolha, como são os principais vestibulares no Brasil, um estudante tem aproximadamente três minutos para responder uma questão e concluir o exame a tempo. Isso significa que, se o estudante perde tempo lendo um enunciado que não será utilizado em seu raciocínio para a resposta, não há por que manter um texto-base nesses casos.

Na questão que estamos analisando, o estudante precisa recuperar na sua memória as características e funções dos nutrientes: carboidratos, lipídios, proteínas, sais minerais e vitaminas. Informações estas que não estão referenciadas no texto, portanto o texto é completamente dispensável nesse caso.

Agora observemos a questão a seguir, retirada do mesmo exame e da mesma disciplina.

Unicamp 2022 – *Primeira Fase – Questão 66*

Após a transformação do meristema vegetativo em meristema floral, há o surgimento da flor. De forma genérica, uma flor é constituída por verticilos florais, que são: o cálice (constituído pelas sépalas), a corola (constituída pelas pétalas), o androceu e o gineceu. Segundo o modelo de determinação genética ABC, a identidade dos verticilos é definida pela interação de pelo menos três genes. A atividade do gene A é necessária para a formação do perianto (verticilos não reprodutivos). A atividade do gene C é necessária para a formação dos verticilos reprodutivos. A atividade do gene B está envolvida na diferenciação entre pétalas (onde o gene B está ativo) e sépalas (onde o gene B está inativo), assim como na diferenciação entre estames (onde o gene B está ativo) e carpelos (onde o gene B está inativo).

Uma flor completa de angiosperma e duas flores hipotéticas (Flor I e Flor II) são apresentadas a seguir.

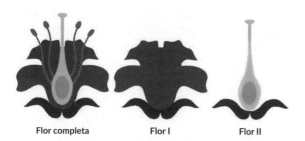

Flor completa   Flor I   Flor II

Assinale a alternativa que apresenta os genes ativos nas flores I e II.

A. Flor I: A e B; flor II: B e C.
B. Flor I: B e C; flor II: A e B.
C. Flor I: A e B; flor II: A e C.
D. Flor I: A e C; flor II: B e C.

Gabarito: alternativa C.

Fonte: Disponível em: https://www.comvest.unicamp.br/vest2022/F1/f12022Q_X.pdf. Acesso em: 23 fev. 2023.

No caso dessa questão, o texto-base, apesar de técnico, é essencial para a resolvê-la. Sem ele, o estudante não saberia qual a função dos genes A, B e C, para que, com seus conhecimentos sobre as angiospermas, possa relacionar com a imagem apresentada e responder corretamente à questão. Nesse caso, temos um bom exemplo do propósito dos textos-base em questões.

Como mencionado nos exemplos e contraexemplos anteriores, os textos-base auxiliam o estudante a mobilizar a habilidade requerida na questão. Isso significa que qualquer informação que não seja com esse propósito pode mais atrapalhar que ajudar no momento da avaliação.

Como exemplo de uma questão que endereça diretamente à ação que o estudante deve desempenhar, observe a questão a seguir extraída do vestibular da Unicamp de 2022. A questão solicita ao estudante que calcule a diferença de potencial elétrico entre dois pontos de um campo elétrico permanente, similar ao campo encontrado nas máscaras PFF2, utilizadas durante a pandemia de Covid-19. Nessa questão, as máscaras de proteção são utilizadas apenas com a finalidade de contextualização do problema que o estudante irá resolver; por isso, ela não é explorada, e sim apenas citada como parte relevante do problema.

Unicamp 2022 – *Primeira Fase – Questão 63*

As máscaras de proteção N95 e PFF2 se tornaram ferramentas importantes no combate à disseminação do novo corona vírus durante a pandemia da Covid-19. Essas máscaras possuem fibras compostas de um material com campo elétrico permanente e são capazes de realizar uma filtragem eletrostática das partículas ou gotículas dispersas no ar. Considere um campo elétrico uniforme de módulo $E_0 = 4,0 \times 10^{-2}$ V/m em uma região do espaço. A diferença de potencial elétrico entre duas linhas tracejadas paralelas entre si e perpendiculares à direção desse campo elétrico, separadas por uma distância d, conforme mostra a figura a seguir, é igual a

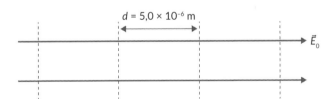

A. $1,6 \times 10^{-10}$ V.
B. $2,0 \times 10^{-7}$ V.
C. $0,8 \times 10^{-6}$ V.
D. $1,2 \times 10^{-4}$ V.

Gabarito*: alternativa B.*

Fonte: Disponível em: https://www.comvest.unicamp.br/vest2022/F1/f12022Q_X.pdf. Acesso em: 23 fev. 2023.

98 | Avaliação para Gestão da Aprendizagem no Ensino Superior

Toda questão de múltipla escolha apresenta uma alternativa correta, denominada **gabarito**, e as demais são chamadas de **detratores**. A seleção/formulação de detratores é um passo muito importante no desenvolvimento de questões, uma vez que a seleção de alternativas incorretas bem formuladas também pode dizer muito a respeito do aprendizado dos estudantes. O fato de estudantes selecionarem determinadas alternativas pode apontar *gaps* preciosos no processo de aprendizagem dos estudantes e também do desenvolvimento das questões.

Por exemplo, a questão a seguir, extraída do Enade 2021 de Educação Física, trata da habilidade de memorização dos estudantes. Para respondê-la corretamente, eles devem se lembrar de aspectos da definição do conhecimento científico. Essa é uma questão interessante, porque ela também articula as informações trazidas na tabela, além dos conhecimentos dos estudantes sobre alguns adjetivos utilizados para separar o conhecimento popular do conhecimento científico.

? **Enade 2021** – *Educação Física* – *Questão 13*

A ciência é definida como uma investigação sistemática, controlada, empírica e crítica de proposições hipotéticas sobre relações presumíveis entre fenômenos naturais. O quadro a seguir apresenta as principais características do conhecimento popular (comum) e do conhecimento científico.

Conhecimento Popular	Conhecimento Científico
Valorativo	Real (factual)
Reflexivo	Contingente
Assistemático	Sistemático
Verificável	Verificável
Falível	Falível
Inexato	Aproximadamente exato

LAKATOS, E. M.; MARCONI, M. A. *Fundamentos da metodologia científica*. 7. ed. São Paulo: Atlas, 2010 (Adaptado).

Considerando as informações apresentadas, é correto afirmar que o conhecimento científico é considerado

A. sistemático, por se pautar em juízo de valor.
B. real, por se basear em ocorrências ou fatos comprovados.
C. verificável, porque apresenta resultados baseados no senso comum.

D. contingente, por apresentar formulação geral com base na experimentação e reflexão de proposições teóricas.
E. exato, pois novas proposições e o desenvolvimento de técnicas podem reformular o acervo de teoria existente.

Gabarito: *alternativa B.*

Fonte: Disponível em: https://download.inep.gov.br/enade/provas_e_gabaritos/2021_PV_bacharelado_educacao_fisica.pdf. Acesso em: 23 fev. 2023.

Nessa questão, a alternativa correta é a alternativa "B". Todavia, se uma grande quantidade de estudantes selecionar a alternativa "A", a "C" ou a "D", isso indica que eles conseguiram identificar o lado correto dos adjetivos na tabela, mas não conseguiram se lembrar das definições dos adjetivos trazidos, já que todas estão incorretas. Com isso, se o objetivo do professor for verificar o quanto os estudantes têm conhecimento desses aspectos do conhecimento científico, ele conseguirá saber não só que eles têm essa dificuldade, mas qual é mais disseminada entre os estudantes.

Se uma grande parte de estudantes selecionar a alternativa "E", eles não só não souberam identificar na tabela que a ciência é aproximadamente exata, mas também não se atentaram que a definição mostrada é de algo que não é exato, mas que está em constante reformulação.

Observe a seguir uma questão do Enade de Ciências Econômicas do ano de 2022.

Enade 2022 – *Ciências Econômicas – Questão 27*

O chamado "Consenso de Washington" predominou como receituário de política econômica durante a década de 1990. Entre suas propostas, incluía-se a liberalização comercial e financeira. Nesse mesmo período, observou-se uma predominância, para um conjunto grande de países, de medidas de maior flexibilidade para o fluxo de capitais estrangeiros.

Considerando as implicações da adoção do aumento do grau de mobilidade de capitais em determinado país e o referencial teórico do modelo IS-LM-BP para uma pequena economia aberta, avalie as afirmações a seguir.

I. O aumento do grau de mobilidade de capitais, preconizado pelo Consenso de Washington, sob o regime de taxas de câmbio flutuantes, aumenta o poder da política fiscal de amortizar choques exógenos sobre a demanda agregada.
II. A adoção de perfeita mobilidade de capitais resultará em uma política fiscal sem efeito sobre o produto no novo equilíbrio, se o regime cambial for o de taxa de câmbio fixa.
III. A política monetária expansionista, supondo-se o regime de taxa de câmbio flutuante e a adoção de perfeita mobilidade de capitais, é capaz de aumentar o produto no novo equilíbrio.

É correto o que se afirma em:

A. I, apenas.
B. III, apenas.
C. I e II, apenas.
D. II e III, apenas.
E. I, II e III.

Gabarito: *alternativa B.*

Fonte: Disponível em: https://download.inep.gov.br/enade/provas_e_gabaritos/2022_PV_ciencias_economicas.pdf. Acesso em: 23 fev. 2023.

Questões sobre julgar afirmações necessitam de um cuidado extra no desenvolvimento. Essas questões, na maioria das vezes, trazem uma falsa sensação de facilidade em seu desenvolvimento e induzem os estudantes a escolher por eliminação de detratores que não são plausíveis ou até mesmo absurdos ao tema tratado.

No exemplo anterior, as afirmativas II e III são mutuamente excludentes, o que significa que a alternativa correta não pode conter as duas afirmações juntas. Essa constatação elimina as alternativas "D" e "E" e, a partir desse ponto, o estudante, mesmo sem saber do que se trata a questão, já teria mais de 25% de chance de acertá-la, apenas adivinhando a alternativa correta. Por isso, esse tipo de questão deve ser evitado.

 Vamos praticar?

Para praticar o desenvolvimento de enunciados e alternativas de questões de múltipla escolha, vamos fazer dois exercícios de reflexão: um com uma questão extraída do Enade e outro com uma questão de sua autoria, retirada de uma avaliação importante para o aprendizado de seus estudantes.

Utilizando o *checklist* disponibilizado adiante, avalie a questão a seguir em relação à sua clareza, enunciado e alternativas.

Enade 2019 – *Formação Geral – Questão 3*

Na história das civilizações humanas, a agricultura esteve relacionada à origem de um fenômeno que se tornaria o marco da economia alimentar: o aumento demográfico. Entretanto, apesar de toda a força civilizatória da agricultura, muitos povos tornaram-se vulneráveis por falta de alimentos.

Mesmo com o aumento do volume de alimentos, o número de indivíduos subnutridos é grande, como demonstrado pelos dados estatísticos da Organização das Nações Unidas para a Agricultura e Alimentação (FAO). A análise dos dados revela que, até 2014, a quantidade de pessoas desnutridas no mundo estava diminuindo, porém, entre 2015 e 2017, esse número aumenta.

LIMA, J. S. G. Segurança alimentar e nutricional: sistemas agroecológicos são a mudança que a intensificação ecológica não alcança. *Ciência e Cultura*, v. 69, n. 2, 2017 (adaptado).

I. O conceito de segurança alimentar e nutricional admite que a fome e a desnutrição são problemas de oferta adequada e garantia de alimentos saudáveis, respeitando-se a diversidade cultural e a sustentabilidade socioeconômica e ambiental.
II. A segurança alimentar e nutricional compreende a produção e a disponibilidade de alimentos, bem como o acesso à alimentação adequada e saudável.
III. A escassez da oferta de alimentos nas últimas décadas decorre da falta de processos de produção e disseminação tecnológica que garantam a produção no campo frente às mudanças climáticas.

É correto o que se afirma em

A. I, apenas.
B. III, apenas.
C. I e II, apenas.
D. II e III, apenas.
E. I, II e III.

***Gabarito**: alternativa C.*

Fonte: Disponível em: https://download.inep.gov.br/educacao_superior/enade/provas/2019/AGRONOMIA.pdf. Acesso em: 23 fev. 2023.

 Faça você mesmo

Agora, pegue um exercício de múltipla escolha de uma avaliação sua e faça o mesmo exercício de reflexão, realizando as alterações que couberem.

- Tenha em mente o objetivo de aprendizagem que deseja avaliar e procure materializá-lo na instrução que será dada ao estudante no enunciado.
- Verifique a qualidade dos detratores: tamanho semelhante, ortografia, relação com o conteúdo e com o que se pretende avaliar.
- Verifique a real necessidade de um texto-base no enunciado.
- Verifique a qualidade de imagens, tabelas e gráficos no enunciado e nas alternativas.

O que você aprendeu neste capítulo?

Neste capítulo, aprendemos a desenvolver uma questão objetiva válida e avaliar questões existentes com a finalidade de adequá-las aos objetivos de aprendizagem e deixá-las claras aos estudantes.

 Referências

CONSIDINE, J.; BOTTI, M.; THOMAS, S. Design, format, validity and reliability of multiple choice questions for use in nursing research and education. *Collegian* (Royal College of Nursing, Australia), v. 12, n. 1, p. 19-24, 2005.

COSTA, J.; MARTINS, M. *Análise da complexidade de itens do* ENADE *à luz da Taxonomia de Bloom Revisada*: contributos ao ensino de Física. Fundação Dialnet. Disponível em: https://dialnet.unirioja.es/servlet/articulo?codigo=6231311. Acesso em: 12 fev. 2023.

HALADYNA, T. M.; DOWNING, S. M.; RODRIGUEZ, M. C. A review of multiple-choice item-writing guidelines for classroom assessment. *Applied Measurement in Education*, v. 15, n. 3, p. 309-333, 2002.

INSTITUTO NACIONAL DE ESTUDOS E PESQUISAS EDUCACIONAIS ANÍSIO TEIXEIRA (Inep).*Guia de Elaboração e Revisão de Itens*, v. 1. Disponível em: https://docs.ufpr.br/~aanjos/CE095/guia_elaboracao_revisao_itens_2012_INEP.pdf. Acesso em: 28 ago. 2023.

Capítulo 7

INSTRUMENTOS ABERTOS – QUESTÕES DISCURSIVAS

OBJETIVOS DE APRENDIZAGEM DO CAPÍTULO

1. Identificar traços característicos de questões discursivas.
2. Avaliar o alinhamento entre o enunciado de uma questão discursiva e seu respectivo padrão de resposta.
3. Desenvolver um padrão de resposta de uma questão discursiva.

Quando eles vão crescer?

Se tem uma coisa que tira o professor Pedro um pouco do sério é quando algum aluno vem questionar sobre o que tinha que ser feito em alguma questão de prova. Ele costuma fazer perguntas discursivas, para que os alunos possam desenvolver o raciocínio por escrito.

Alunos já no ensino superior – às vezes há mais de um semestre – e vêm com aquela historinha: "professor, não entendi o que você queria que a gente fizesse nesse exercício". Ele já fica logo com aquela vontade de responder "queria que vocês estudassem, para começar. E lessem com atenção o que é solicitado!".

Professor Pedro tem muita experiência com a disciplina, inclusive em outros cursos e instituições. História da Arte costuma fazer parte não só dos cursos de Moda, em que ele está inserido, mas de outros ligados a Comunicação e Artes.

Ele escreve os enunciados tentando deixar claro o que precisa ser feito. Gosta muito de pedir aos estudantes que expliquem obras de arte, na perspectiva da época, do autor e seu contexto. Como faz esse tipo de coisa em sala, em seu entender, não faz sentido os alunos ficarem questionando depois.

O problema é que não adianta: sempre tem um ou outro (em alguns casos, vários) que trazem umas respostas que não têm nada a ver com o que foram solicitados a fazer. Pedro sempre reforça com os estudantes que a interpretação do enunciado, especialmente em questões discursivas, também faz parte do processo avaliativo, mas parece que não adianta.

Neste semestre, uma turma o deixou ainda mais irritado. Vieram perguntar o que tinha a ver ele corrigir e tirar notas de erros de escrita. Nesse caso, Pedro entendeu que deveria dar uma chamada neles. Deixou claro que um profissional precisa escrever com clareza e correção. Isso estava escrito, inclusive, no enunciado. Será que acham que os profissionais vão ser cobrados por uma coisa só? Para Pedro, esse pessoal decididamente não está preparado para o mundo lá fora...

O que pode estar acontecendo nessa situação?

Questões discursivas talvez sejam um dos modelos de instrumento avaliativo mais tradicional do ensino. Elas são caracterizadas por estimular o estudante a demonstrar uma ou mais habilidades a respeito de determinado tópico. Apesar de aberta, uma boa avaliação discursiva pode ser bem delimitada e coerente em termos de objetivos de aprendizagem e conteúdo, para que o estudante somente expresse aquilo que se deseja avaliar naquele instrumento.

A situação vivida pelo professor Pedro traz à tona um aspecto importante desse tipo de avaliação: o entendimento do que deve ser feito pelos estudantes. É importante ressaltar, de início, que um enunciado de questão, como qualquer outro texto, conta com a compreensão de um leitor que, certamente, não tem as mesmas premissas do autor na cabeça. Por isso, a elaboração de questões que receberão uma resposta discursiva exige especial cuidado em sua redação, para que se possa, da melhor forma possível, garantir o entendimento do leitor sobre o que deve ser feito.

Além disso, as respostas discursivas, por terem alguma abertura na maneira como serão respondidas, costumam mobilizar mais de uma habilidade dos estudantes simultaneamente, o que torna o desafio de respondê-las mais complexo.

Dada a possibilidade de se acompanhar o raciocínio do estudante, de maneira escrita ou oral, as questões discursivas (e outros instrumentos "abertos", alguns comentados mais adiante) são indicadas para avaliar objetivos de aprendizagem de nível cognitivo mais complexo, como analisar, avaliar e criar. Além disso, é um instrumento avaliativo mais demandante de desenvolvimento e tempo para correção. Por esse motivo, também são instrumentos mais indicados para turmas pequenas ou médias.

Assim como nos instrumentos avaliativos objetivos, é necessária uma validação por pares das questões discursivas. Essa validação deve ser realizada no enunciado e na relação dele com o padrão de resposta, que é a especificação da resposta esperada. No caso vivido pelo professor Pedro, uma validação entre pares poderia ter contribuído para a discussão de possíveis entendimentos dos estudantes diferentes do que o docente esperava, o que poderia ter facilitado o processo avaliativo.

> **O que é uma questão aberta**
>
> Para Lloyd Munroe (2015), uma questão aberta "é organizada de tal forma que alunos em vários níveis dentro da classe podem resolver um problema apresentado no enunciado com base em suas habilidades, experiência e interpretação do que foi apresentado" (tradução livre das autoras).
>
> Completando essa definição, Sarwanto, Fajari e Chumdari (2021) afirmam que "uma pergunta aberta é um tipo de teste de redação ou teste de descrição. É uma pergunta para a qual uma série de respostas diferentes e divergentes seriam aceitáveis" (tradução livre das autoras).

FORMATO DE UMA QUESTÃO DISCURSIVA

Da mesma forma que nas questões objetivas, as questões discursivas podem apresentar um texto-base (no caso das discursivas, essa escolha é a mais comum) e um enunciado de pergunta.

Enade 2021 – *Sistemas de Informação – Questão Discursiva 4*

O conceito de sistemas pode ser enunciado por uma definição muito simples, porém de grande relevância. A ideia essencial da Teoria Geral de Sistemas é estabelecer uma nova visão da realidade, que transcenda os problemas tecnológicos das várias ciências e tenha generalidade suficiente para ser transdisciplinar.

Um sistema é um conjunto de elementos interdependentes e interagentes, com vistas a atingir o mesmo objetivo. A função básica de um sistema é a de converter os insumos retirados de seu ambiente, em produtos de natureza qualitativa ou quantitativa diferente de seus insumos, para serem, então, devolvidos ao seu ambiente.

MARTINELLI, D. P. et al. *Teoria Geral dos Sistemas*. São Paulo: Saraiva, 2012 (adaptado).

A figura a seguir é uma representação genérica de um sistema.

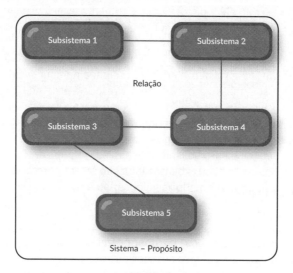

Considerando as informações apresentadas, redija um texto sobre sistema de informação. Em seu texto, explique o que é subsistema e defina os conceitos de relação e de propósito. (valor: 10,0 pontos)

Fonte: Disponível em: https://download.inep.gov.br/enade/provas_e_gabaritos/2021_PV_bacharelado_sistema_informacao.pdf. Acesso em: 23 fev. 2023.

É muito comum que, nos enunciados de questões discursivas, mais de uma instrução seja dada para o estudante, o que implica que ele deve realizar, explicitamente, mais de uma ação. Observe um exemplo a seguir, que solicita que o aluno "explique" (letra "a") e "proponha" (letra "b").

Enade 2021 – *História (Bacharelado) –*
Questão Discursiva 4

As imagens do Museu Nacional do Rio de Janeiro consumido pelas chamas, que circularam por todo o Brasil em 2018, infelizmente, não são uma exceção. Incêndios são os grandes vilões do patrimônio cultural brasileiro, como aponta um especialista em gestão de risco do Centro Internacional para o Estudo da Preservação e Restauração do Patrimônio Cultural, na Itália: "os incêndios são um grande fator de risco para museus não só no Brasil, mas em todo o mundo, pela combinação de fatores como grande quantidade de materiais orgânicos inflamáveis e falta de estrutura e de manutenção em prédios históricos antigos, além de legislação inadequada, gestores com curto período de mandato e descaso com a cultura. A soma final resulta em desastres incalculáveis como este."

Disponível em: https://veja.abril.com.br/brasil/incendios-destroem-um-patrimonio-cultural-por-ano-no-brasil/. Acesso em: 3 dez. 2018 (adaptado).

Com base no texto apresentado, faça o que se pede nos itens a seguir.

A. Explique a importância da preservação do patrimônio cultural brasileiro para a sociedade. (valor: 5,0 pontos)
B. Proponha duas políticas públicas que possam contribuir com a preservação dos patrimônios culturais brasileiros. (valor: 5,0 pontos)

Fonte: Disponível em: https://download.inep.gov.br/enade/provas_e_gabaritos/2021_PV_bacharelado_historia.pdf. Acesso em: 23 fev. 2023.

O QUE ESTÁ SENDO AVALIADO EM UMA QUESTÃO DISCURSIVA?

Nas questões discursivas, é comum que mais de uma ação seja solicitada dos estudantes, o que implica que diferentes objetivos de aprendizagem podem estar explicitamente sendo exigidos. Isso significa que, a partir de uma mesma questão, o estudante será solicitado a realizar ações que podem ser cognitivamente muito distintas.

Em nosso último exemplo, no item "a", o aluno é solicitado a "explicar a importância do patrimônio cultural brasileiro para a sociedade". A explicação não exigirá que ele faça nenhum tipo de análise ou outra ação cognitivamente mais complexa. Em certa medida, podemos compreender que ele nem mesmo foi solicitado a aplicar o conhecimento, dado que não há nenhuma situação-problema na qual ele precisa aplicar o conceito de patrimônio cultural. O texto-base, nesse caso, foi um estímulo para que o estudante possa resgatar seu conhecimento sobre a importância do patrimônio histórico para a sociedade, mas não traz a resposta esperada, mesmo que parcialmente.

108 | Avaliação para Gestão da Aprendizagem no Ensino Superior

É o que se pode observar no padrão de resposta apresentado pelo Inep:

Padrão de resposta:

A. O respondente deve explicar que o patrimônio é um elemento que identifica uma dada cultura e sociedade, estabelecendo a inter-relação entre a preservação do patrimônio cultural e memória social.

Fonte: Disponível em: https://download.inep.gov.br/enade/padrao_resposta/2021_bacharelado_historia. pdf. Acesso em: 23 fev. 2023.

Já no item "b", o estudante é solicitado a formular, mesmo que de forma superficial, duas políticas públicas que possam contribuir para a preservação do patrimônio. Nesse caso, o que se espera é uma ação mais complexa, dado que o estudante precisa propor ideias coerentes e factíveis de como o poder público pode atuar para a conservação do patrimônio.

Novamente o padrão de respostas proposto pelo Inep nos auxilia a compreender a expectativa de formulação de resposta:

B. O respondente deve citar duas políticas que contribuam com a preservação do patrimônio cultural, tais como:

- Garantir investimento público para a preservação de museus e monumentos históricos.
- Fomentar a formação de agentes públicos em gestão patrimonial e educação patrimonial.
- Fortalecer quadros técnicos de órgãos e responsáveis pelo patrimônio cultural brasileiro.
- Realizar levantamento público dos acervos existentes que não estão identificados e cuidados.
- Promover a educação patrimonial no Ensino Básico.
- Estimular a visitação pública (escolar e não escolar) em espaços de memória.
- Digitalizar os acervos compostos por documentos escritos, fotos, desenhos, mapas etc.
- Propor Parceria Público- Privado (PPP).
- Promulgar leis mais rígidas em defesa da preservação do patrimônio nacional.

Fonte: Disponível em: https://download.inep.gov.br/enade/padrao_resposta/2021_bacharelado_historia. pdf. Acesso em: 23 fev. 2023.

São duas habilidades avaliadas, portanto: a capacidade de explicar um conceito e de formular ações públicas coerentes e viáveis para solucionar problemas relativos à preservação do patrimônio histórico. Essa possibilidade de avaliar de forma explícita mais de uma habilidade/objetivo de aprendizagem ao mesmo tempo é característica de questões discursivas e de instrumentos abertos de forma geral.

A IMPORTÂNCIA DO PADRÃO DE RESPOSTAS

Como mencionado em capítulos anteriores, o padrão de resposta é o que se espera de uma resposta com 100% de aproveitamento. É a descrição da chamada "resposta esperada". Diferentemente do gabarito, o padrão de respostas é uma orientação para a avaliação a ser feita por um corretor, para que ele possa ter uma ideia do que era o esperado.

Vejamos um exemplo de questão e seu respectivo padrão de resposta.

 Enade 2019 – *Medicina – Questão Discursiva 3*

Uma lactente de 10 meses de idade esteve internada há 2 meses, durante 5 dias, por quadro de infecção de trato urinário. Durante a internação, apresentou os seguintes resultados de exames:

- Hemoglobina = 9,0 g/dl (normal = 11 a 12,5 g/dl);
- Hematócrito = 26,5% (normal = 33-36%);
- VCM = 66 fl (normal = 80 a 100 fl);
- Reticulócitos = 18 500/mm^3 (normal = 25 000 a 85 000/mm^3);
- Ferritina = 55 mcg/dl (normal > 20 mcg/dl).

A paciente recebeu alta, concluiu a antibioticoterapia e a urocultura de controle foi negativa.

A mãe comparece à Unidade Básica de Saúde com a bebê, sem queixas. Traz novos exames que demonstram:

- Hemoglobina = 9,5 g/dl (normal = 11 a 12,5 g/dl);
- Hematócrito = 27,6% (normal = 33-36%);
- VCM = 67 fl (normal = 80 a 100 fl);
- Reticulócitos = 20 000/mm^3 (normal = 25 000 a 85 000/mm^3);
- Ferritina = 12 mcg/dl (normal > 20 mcg/dl).

Quanto à história alimentar, o bebê recebeu aleitamento materno exclusivo até os 3 meses de vida. A partir desse período foi introduzido o leite de vaca em sua alimentação, o qual é mantido até o momento por meio de 5 mamadeiras de 200 ml por dia.

110 | Avaliação para Gestão da Aprendizagem no Ensino Superior

A bebê aceita bem os demais alimentos, come frutas e legumes diariamente e carne 2 vezes na semana. Não utiliza medicamentos contínuos e suplementos vitamínicos. Nasceu a termo, seu teste do pezinho foi normal e seus pais são hígidos. O exame físico não apresenta alterações, exceto pela presença de palidez cutaneomucosa.

Com base no caso apresentado, faça o que se pede nos itens a seguir.

A. Cite a hipótese diagnóstica mais provável em relação ao quadro hematológico e quatro dados da história clínica da lactente que corroboram tal hipótese. (valor: 3,0 pontos)
B. Justifique a hipótese diagnóstica com base nos dados laboratoriais do segundo exame. (valor: 2,0 pontos)
C. Explique o valor da ferritina no primeiro exame. (valor: 2,0 pontos)
D. Descreva a conduta terapêutica e duas orientações a serem adotadas em relação ao quadro hematológico. (valor: 3,0 pontos)

Padrão de resposta:

A. O estudante deve citar a hipótese diagnóstica de Anemia Ferropriva ou Anemia por deficiência/carência de ferro.

No que se refere aos dados da história clínica da lactente que corroboram a hipótese diagnóstica podem ser citados quatro dentre os seguintes:

- Desmame precoce,

- Uso de leite de vaca,

- Alimentação complementar insuficiente (pouca carne),

- Ausência de suplementação de ferro,

- Intercorrência infecciosa ou infecção ou internação por infecção e

- Teste do pezinho sem alterações (exclui hemoglobinopatia).

B. O estudante deve justificar a hipótese considerando que os valores de VCM, reticulócitos e ferritina baixos são característicos de anemia ferropriva.
C. O estudante deve explicar que no caso da primeira avaliação feita durante a internação, a ferritina estava normal, pois o lactente passava por um processo infeccioso, o que provoca elevação da ferritina, que é um marcador de inflamação, ou de reação de fase aguda.
D. O estudante deve descrever a seguinte conduta terapêutica:

Reposição de ferro via oral em dose terapêutica (3 a 5 mg/kg/dia de ferro elementar) por pelo menos 8 semanas, com manutenção de 02 a 06 meses ou até a ferritina sérica atingir valores de 15 mcg/dl.

O estudante deve mencionar duas dentre as seguintes possibilidades de orientação:

- Consumo de alimentos que sejam fontes de ferro, principalmente as carnes vermelhas, vísceras (fígado e miúdos), carnes de aves, peixes e hortaliças verde-escuras;

- Uso de suplemento de ferro junto com frutas cítricas como o suco de laranja, acerola e limão e ingerir o sulfato ferroso uma hora antes das refeições;

- Limite do uso de leite de vaca *in natura*, não processado, em pó ou fluido antes dos 12 meses;
- Uso de água tratada ou fervida.

Fonte: Disponível em: https://download.inep.gov.br/educacao_superior/enade/padrao_resposta/2019/medicina.pdf. Acesso em: 23 fev. 2023.

Nessa questão da prova de Medicina do Enade 2019, foi proposta uma questão discursiva com uma situação-problema e a orientação para que o estudante realizasse quatro ações: (a) criar hipótese diagnóstica; (b) justificar a hipótese diagnóstica; (c) explicar um valor em dado exame; e (d) descrever conduta terapêutica e duas orientações.

São ações distintas, mesmo que interligadas pela mesma situação-problema e com níveis de dificuldade levemente diferentes: as ações "a" e "d" são mais complexas, a primeira porque é analítica, e a segunda porque exige intervenção. Já "c" e "d" são de nível cognitivo um pouco mais simples, pois exigem aplicação de conhecimento no contexto da situação.

O estudante que tiver o desempenho esperado deverá realizar as ações descritas no padrão de respostas, que são uma boa orientação para a nota máxima. Para correção de atividade nas quais serão dadas notas diferentes da máxima, será necessário que o avaliador tenha algum critério de corte, para que possam padronizar as correções.

Importante lembrar que, para mensurar a aprendizagem, é necessário que todos os estudantes que realizam uma mesma avaliação sejam corrigidos com a "mesma régua". Muitas vezes, ao realizar correções, os professores acabam usando uma régua interiorizada, e não explícita. Em sua mente, eles têm critérios e algumas ponderações. É claro que, ao não explicitar esses aspectos, muitas correções podem ser feitas de forma bastante enviesada (pelo momento, pelo nome do aluno, pela forma como a resposta *x* ou *y* foi organizada, entre outros fatores).

Entendemos que um padrão de respostas pode ser um excelente ponto de partida para a elaboração de uma rubrica de correção. Em capítulo posterior desta obra, trataremos especificamente do tema "rubrica", mas já deixamos aqui esse ponto de atenção: tanto o padrão de respostas quanto a rubrica são recursos a serem utilizados para avaliação de atividades abertas, que exigem em algum grau e permitem diversas respostas dos estudantes para uma mesma pergunta.

Esses recursos tornam a avaliação menos subjetiva, uma vez que critérios passam a ser explicitados e são propostas escalas para que se possam classificar as respostas em diferentes níveis de proficiência.

 Vamos praticar?

Para praticar a definição do padrão de respostas, busque uma questão discursiva de uma avaliação aplicada na sua disciplina. De posse dessa questão, se ainda não houver um padrão de resposta escrito, faça o exercício de desenvolver o padrão de resposta da sua questão.

Caso você já tenha um padrão de resposta escrito, compare esse padrão com o enunciado da questão. Ele realmente condiz com o que foi solicitado aos estudantes?

Aproveite e coloque lado a lado: o enunciado que havia escrito, o padrão de resposta e uma resposta de um estudante que tirou nota máxima. Há uma relação entre esses três elementos da avaliação? A resposta ideal para essa pergunta seria "Sim". Caso não haja, busque refletir onde pode estar o *gap* de alinhamento entre o que foi solicitado, o padrão de respostas e a resposta do estudante.

OUTROS TIPOS DE INSTRUMENTOS AVALIATIVOS ABERTOS

Com algum grau de simplificação, podemos dizer que todos os instrumentos avaliativos que não são objetivos (resposta fechada) podem ser considerados abertos (permitem e esperam alguma diversidade nas respostas/resoluções). Nesse sentido, relatórios de Trabalhos de Conclusão de Curso (TCCs), apresentação de seminários, apresentações orais, resolução de estudo de caso, questões discursivas, entre inúmeros outros instrumentos avaliativos que permitem respostas com algum nível de diversidade, podem ser considerados abertos. Neste capítulo, vamos comentar dois deles: apresentações orais e relatórios de TCCs.

Apresentações orais

As apresentações orais podem ter a finalidade de sintetizar tópicos complexos ou TCCs e podem acompanhar um trabalho escrito ou não. São consideradas instrumentos autênticos do ponto de vista da avaliação da aprendizagem, porque geralmente envolvem a aplicação de conteúdos em situações novas e complexas que engajam o estudante com problemas desestruturados do mundo real.

Elas podem ser individuais ou em grupos, mas com atenção ao tamanho da turma na qual serão aplicadas. Esse tipo de instrumento demanda uma correção síncrona com a apresentação, o que pode levar um tempo considerável se a turma for grande e a avaliação for individual.

É muito importante que seja formulado um enunciado para a atividade avaliativa oral, na medida em que, para organizá-la, os estudantes devem poder recorrer a uma orientação formalizada, que lhes permita revisar o que se espera da apresentação a ser feita.

Veja um exemplo:

 Comunicação Empresarial

Professora: Dra. Mara Behlau

Última aula – 1 de abril de 2023

Apresentação do Trabalho em Grupo – Avaliação da Comunicação

Instruções

Selecionar um tema inusitado, um assunto inesperado ou um fato curioso, para ser apresentado para toda a classe, na última aula da disciplina, em atividade que vale a metade da nota final.

Capítulo 7 • Instrumentos Abertos – Questões Discursivas | 113

- Esse tema, com o nome completo dos integrantes do grupo, escolhidos por vocês, deverá ser enviado por e-mail, até o dia o dia 11/2, para aprovação.
- O aprendizado na disciplina deverá ficar evidente na apresentação do trabalho.
- Preparar a apresentação usando recursos audiovisuais e respeitando o que foi explorado em sala de aula, principalmente quanto à ARQUITETURA ESTRUTURAL DA COMUNICAÇÃO (cap. 2), APRESENTAÇÕES PROFISSIONAIS (cap. 10) e ESTRUTURAS DE APOIO (cap. 12).
- Além de *slides*, podem ser usados vídeos com depoimentos, trechos de filmes ou pequenas entrevistas.
- Não contar com o acesso à internet em sala, ou seja, tenham toda a apresentação baixada em arquivo e salva antecipadamente na máquina da sala de aula; para não correr nenhum risco de limitação de acesso ao seu material.
- Todos os integrantes do grupo devem participar da elaboração e apresentação do trabalho.
- Os integrantes do grupo deverão oferecer material pessoal de comunicação para avaliação em sala de aula, ou seja, participam da apresentação presencialmente ou por vídeo previamente gravado, em caso de impossibilidade de estar presente na última aula; aqueles que não estiverem presentes e não tiverem garantido sua participação em vídeo terão nota zero no trabalho.
- Favor salvar a apresentação completa no computador da sala de aula, quinze minutos antes do início da atividade, ou seja, antes do início da aula.
- Listar, no último *slide*, as referências consultadas para a construção da argumentação (artigos de jornais, revistas, pesquisas, sites, livros, entrevistas etc.), de acordo com ABNT.
- Entregar uma cópia dos *slides* da apresentação, impressa, para a professora, no início da aula.
- A apresentação será avaliada pela professora e pelos colegas de outros grupos, no momento da tarefa; haverá votação do melhor trabalho, em sala de aula, que ganhará um ponto a mais na média.
- Cada grupo deve providenciar a filmagem de sua própria apresentação, para revisão e avaliação posterior.
- A ordem da apresentação dos grupos será sorteada antecipadamente e comunicada aos alunos.
- O tempo de apresentação concedido é de 10 minutos, com mínimo de 9 e máximo de 12 minutos de duração; se o tempo utilizado ficar abaixo ou acima do que foi indicado, o grupo terá, como penalidade, o desconto de UM ponto da média final.

Tempo total de apresentação: 10 minutos (mínimo de 9' e máximo de 12')
Divisão da classe: 5 grupos com aproximadamente o mesmo número de alunos

Fonte: Orientação para apresentação de trabalho em grupo disponível no ambiente virtual da disciplina de Comunicação Empresarial do curso de LL.C. em Direito Empresarial.

114 | Avaliação para Gestão da Aprendizagem no Ensino Superior

Outro aspecto importante sobre as apresentações orais é a delimitação do escopo da apresentação. Um escopo muito aberto pode deixar os estudantes confusos com relação ao foco e dispersar o propósito da avaliação.

Observe outro exemplo do roteiro adaptado de apresentação do TCC. O enunciado apresenta um detalhamento completo da atividade, com o roteiro dos *slides*, a data, o formato e o tempo máximo de apresentação. Além disso, o professor forneceu os critérios de avaliação que irá utilizar na rubrica de correção, para que o aluno possa se orientar e garantir que sua apresentação esteja dentro do que o professor espera.

? Informações gerais

- Data de entrega: 9 de setembro de 2021
- Data de apresentação: 23 a 25 de setembro de 2021
- Tempo de apresentação: 30 min
- Formato da apresentação: apresentação oral com suporte dos *slides*
- Critérios de avaliação: clareza da proposta/projeto, articulação com os conteúdos e questões sugeridas pelo curso, postura crítica sobre os desafios e oportunidades na implementação de processos de urbanismo social e consistência do conteúdo visto no curso. Espera-se um entendimento claro sobre o desafio/problema escolhido definindo um projeto em suas várias dimensões e etapas.
- Formato para entrega: PPT no modelo padrão do curso apresentado e disponibilizado aos alunos (entre 15 e 20 *slides*).

Roteiro da apresentação do TCC

1. *Slide* padrão curso
2. Apresentação/identificação aluno e projeto
3. Índice do TCC
4. Contexto resumido
5. Definição e análise do problema
6. Desenho da proposta do projeto
7. Prototipagem da solução e definição de projeto-piloto
8. Monitoramento e avaliação do projeto-piloto
9. Conclusão
10. Referências

Fonte: NGA. *Materiais para AoL*. Insper, 2022.

Quando o instrumento de avaliação é uma apresentação oral, guardadas as proporções da maneira como os estudantes estão representando seu conhecimento, neste caso de maneira oral, uma rubrica é primordial para que haja uma avaliação justa e calibrada do desempenho dos estudantes. A maneira como um instrumento aberto é corrigido impacta diretamente a validade e a confiabilidade do diagnóstico de aprendizagem dos estudantes, como veremos nos capítulos posteriores de validade e confiabilidade.

Trabalho de Conclusão de Curso

Um instrumento de avaliação do tipo TCC pode assumir diversas facetas, incluindo diferentes níveis de dificuldade dependendo da importância da decisão que será tomada com seu resultado. Como exemplos, podemos citar: TCCs, relatórios de iniciação científica, dissertações, teses etc.

A avaliação de entrega de TCCs acompanha a mesma lógica das questões discursivas e das apresentações orais, exceto pela presença de um padrão de resposta. Geralmente, os TCCs têm caráter autoral e uma pergunta de pesquisa a ser respondida com o trabalho. Por isso, são ideais para avaliar múltiplas habilidades ao mesmo tempo e também habilidades de nível cognitivo alto, como transferir, avaliar e criar.

Portanto, mesmo que dois estudantes tenham um mesmo tema, terão dois trabalhos distintos. Uma cópia fidedigna indicaria um caso de plágio. No capítulo sobre rubricas, apresentaremos um exemplo de uma matriz de correção para esse tipo de trabalho. No geral, por contemplar múltiplas habilidades, a rubrica se mostra mais complexa do que aquelas desenvolvidas para questões dissertativas e em apresentações orais.

Ainda tomando como exemplo o TCC já comentado, podemos observar o número e a complexidade das habilidades necessárias para se obter a certificação do curso. Aqui é importante ressaltar que este curso foi desenhado para receber lideranças comunitárias que nem sempre apresentam um título de nível superior.

Ao final do curso, os(as) alunos(as) deverão ser capazes de:

1. **entender** o conceito de urbanismo social e as diferentes abordagens para aplicação em territórios em situação de vulnerabilidade;
2. **identificar** problemas locais relevantes em contextos urbanos;
3. **discutir** causas e impactos dos problemas identificados;
4. **relacionar** como diferentes áreas e temáticas podem estar relacionadas nos territórios e impactar nos problemas locais;
5. **desenvolver** possíveis soluções e ações para mitigar os problemas locais identificados;
6. **aplicar** as diversas ferramentas apresentadas ao longo do curso (como processo de *design thinking* a problemas locais em contextos urbanos, matriz FOFA...).

 Faça você mesmo

Escolha, dentre os objetivos da sua disciplina, um objetivo de nível cognitivo mais complexo, como avaliar ou criar. Então, formule uma questão para coletar dados de aprendizagem dos seus estudantes. Como norteadores, utilize as informações disponibilizadas ao longo desse capítulo, ou, se preferir, utilize o *checklist* a seguir.

Checklist

- Avalie a possibilidade de se utilizar um instrumento aberto diferente do convencional, como projetos, apresentações orais etc.
- Verifique a qualidade do enunciado, a clareza e as direções para os estudantes.
- Verifique a qualidade e real necessidade de imagens, tabelas e gráficos no enunciado.
- Verifique a real necessidade de um texto-base no enunciado.
- Verifique se o padrão de resposta está alinhado com o objetivo de aprendizagem que está sendo mobilizada no enunciado.

 O que você aprendeu neste capítulo?

Neste capítulo, vimos as principais características e particularidades de instrumentos de avaliação abertos. Por meio dos exemplos apresentados, aprendemos como escolher um instrumento aberto que condiz com o contexto de aprendizagem de nossas disciplinas.

 Referências

FAJARI, L. E. W.; CHUMDARI. Open-ended questions to assess critical-thinking skills in Indonesian elementary school. *International Journal of Instruction*, v. 14, n. 1, p. 615-630, 2020.

MUNROE, L. The open-ended approach framework. *European Journal of Educational Research*, v. 4, n. 3, p. 97-104, 2015. Disponível em: https://pdf.eu-jer.com/EU-JER_4_3_97_Munroe.pdf. Acesso em: 23 fev. 2023.

SARWANTO; FAJARI, L. E. W.; CHUMDARI. Open-ended questions to assess critical-thinking skills in Indonesian elementary school. *International Journal of Instruction*, v. 14, n. 1, p. 615-630, 2021. Disponível em: https://doi.org/10.29333/IJI.2021.14137A. Acesso em: 23 fev. 2023.

Capítulo **8**

RUBRICAS DE CORREÇÃO

 OBJETIVOS DE APRENDIZAGEM DO CAPÍTULO

1. Reconhecer traços de uma rubrica avaliativa.
2. Analisar rubrica.
3. Criar uma rubrica de avaliação de um instrumento aberto alinhada com objetivos de aprendizagem.

Gostaria de entender melhor

Como auxiliar de coordenação do curso de Direito de uma instituição conceituada na área e com muitos alunos, é comum a coordenadora Cristina receber todo tipo de demanda dos estudantes. Essa é uma de suas atribuições principais, que consome bastante seu tempo, especialmente em algumas épocas: receber os alunos, ouvir demandas, reclamações e questionamento das mais diversas ordens, para poder auxiliar da melhor forma no que for necessário.

Em época de provas, muitos alunos acabam procurando a coordenação para falar das correções. A primeira orientação, claro, é pedir aos estudantes que procurem o professor diretamente, para que possam conversar e verificar o que está havendo. No entanto, quando os alunos falam com os docentes e não chegam a um entendimento comum, acabam recorrendo à coordenação, com o objetivo de discutir mais uma vez a correção de alguma atividade.

Esta semana aconteceu um caso curioso, relativo a uma avaliação da disciplina Direito de Família. Três alunos vieram procurar a coordenadora para falar da prova intermediária. Como de costume, ela falou que deveriam falar com o docente, mas o posicionamento deles a surpreendeu um pouco. Começaram dizendo que não queriam questionar a nota, mas "dar um toque na coordenação" sobre um aspecto que os incomodava desde o primeiro semestre (no momento, eles cursavam o quinto semestre). Nesse sentido, o caso com o professor em questão era só mais um exemplo a se somar à percepção que eles tinham.

O "toque na coordenação" que eles queriam dar se resumia ao seguinte: era muito comum, quando eles recebiam a correção, que os estudantes não conseguissem perceber por que, às vezes, uma resposta recebia uma nota tão diferente de outra. Claro, em muitos casos, segundo eles, era nítida a diferença. No entanto, por vezes, como aparentemente havia acontecido na prova do professor que os motivou a falar com Cristina, realmente não conseguiam perceber uma diferença entre alguém que recebeu "dois" (nota máxima) e alguém que recebeu "um" para respostas semelhantes a uma mesma pergunta. Eles alegavam serem incapazes de perceber o que fazia a diferença na nota, em um caso e em outro.

Como sempre, a coordenadora reforçou que esse tipo de questionamento deveria ser sempre levado ao professor. E a sugestão que o trio deu foi "olha, que tal pedir pros professores serem mais claros nas correções, para a gente entender melhor?".

Cristina não olhou as respostas, até porque não era esse o seu papel e nem seria capaz de avaliar o que estavam dizendo. Todavia, chamou sua atenção que as notas do trio não eram ruins. Todos tinham tirado notas pelo menos razoáveis. Será que eles não conseguiam entender mesmo ou só estavam querendo pressionar a coordenação?

O que pode estar acontecendo nessa situação?

Essa situação traz um aspecto muito presente em processos avaliativos com atividades "abertas", aquelas que não costumam ter uma resposta única considerada correta, um caminho único para se chegar até ela e/ou exigem que o raciocínio do estudante seja explicitado na resolução.

É o que acontece, por exemplo, em muitas perguntas discursivas que são organizadas em provas, ou em exames como o Enade. No caso do Enade, inclusive, costumam ser disponibilizados os padrões de resposta que deverão ser considerados para que os avaliadores façam a correção das respostas das questões dessa natureza. Como vimos, os padrões de resposta podem ser o ponto de partida para elaboração de rubricas, tema central deste capítulo.

Os alunos que foram falar com a coordenação afirmaram que "não conseguiam perceber" por que determinadas respostas, segundo eles, "muito semelhantes", recebiam notas razoavelmente diferentes. É bastante provável que qualquer docente com alguma experiência já tenha passado por situação semelhante ou tenha ouvido comentários nesse sentido. Esse ponto, inclusive, faz que com que muitos professores prefiram aplicar atividades avaliativas objetivas, uma vez que, em princípio, são menos questionáveis em relação ao que se espera como resposta correta.

Não nos cabe, diante da situação exposta, discutir se os estudantes estão certos ou não. O que nos interessa é discutir a necessidade de explicação de critérios de correção para as chamadas atividades avaliativas abertas, que possam balizar melhor a correção e as justificativas para os estudantes.

Em processos avaliativos como vestibulares e o Enem, entre outros, é comum que sejam organizadas rubricas para correção de atividades abertas (questões discursivas e redações). O objetivo dessa escolha é dar maior padronização e objetividade à correção, com a explicitação dos critérios e níveis de proficiência esperada para as respostas que serão avaliadas, dados os enunciados propostos.

 Como vimos no capítulo anterior

No capítulo anterior, além de falarmos sobre padrão de resposta, citamos a necessidade de uma **rubrica de correção** de instrumentos com questões abertas de avaliação. Essa necessidade se dá pelo caráter subjetivo que uma correção pode assumir, enviesando o resultado de aprendizagem. Também para que haja sentido na identificação das dificuldades dos estudantes com base nas notas ou pontuações atribuídas nas avaliações.

RUBRICAS: DEFINIÇÃO E TRAÇOS FUNDAMENTAIS

Vamos abordar as principais características de uma rubrica, oferecendo as coordenadas para que você consiga desenvolver uma rubrica de correção apoiada no padrão de resposta esperado do estudante.

Como definição, pode-se dizer que uma rubrica é

> um recurso utilizado para auxiliar a avaliação de atividades e identificar diferentes tipos de desempenho dos alunos. Ela descreve os níveis de aprendizado e, por conter padrões de erros e acertos, ajuda a tornar a avaliação mais criteriosa e a diminuir a subjetividade na correção. A rubrica também pode ser utilizada como instrumento de *feedback* aos estudantes, por informar com clareza o desempenho esperado e algumas gradações para ser atingido (GIANESI; MACHADO; MALLET, 2021, p. 91).

Nessa perspectiva, uma rubrica pode ser entendida como uma matriz de correção. Ela pode apresentar outros formatos, mas o mais tradicional é na forma de tabela, como demonstrado na Figura 8.1 e no Quadro 8.1.

Figura 8.1 Estrutura fundamental de uma rubrica.

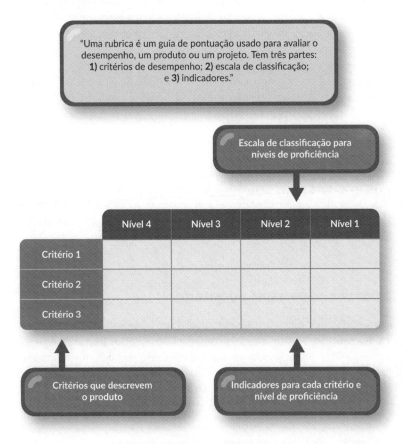

Fonte: Adaptada de: https://facultyinnovate.utexas.edu/sites/default/files/build-rubric.pdf. Acesso em: 23 fev. 2023.

Vamos observar o fragmento de um exemplo concreto de rubrica.

Capítulo 8 • Rubricas de Correção | 121

Quadro 8.1 Fragmento de uma rubrica desenvolvida para avaliação de dissertação de mestrado (continua)

MESTRADO PROFISSIONAL EM ECONOMIA				
E (1) – Incipiente	D (2) – Em desenvolvimento	C (3) – Básico	B (4) – Esperado	A (5) – Avançado
Erros muito graves e inaceitáveis.	Falha nos conceitos fundamentais.	Demonstra ter domínio do conteúdo básico, porém não tem a proficiência esperada.	Demonstra ter domínio do conteúdo esperado, é proficiente.	Demonstra ter domínio do conteúdo além do esperado. Entrega mais do que a expectativa.
4. Metodologia: Domínio do método de pesquisa				
Os métodos utilizados são inadequados com justificativa insuficiente. Omite informações e detalhes importantes, impossível replicação.	Utiliza métodos e técnicas simples, estabelecidas há muito tempo na área, porém defasados. A implementação está incompleta ou incorreta. Nível de descrição inadequado para fins de replicação.	Utiliza métodos padrão comumente conhecidos no campo. Escolha metodológica aceitável e parcialmente justificada. A implementação contém itens questionáveis. Nível de descrição adequado para fins de replicação.	Utiliza métodos avançados estabelecidos na literatura. Os métodos são apropriados e com justificativa adequada. A implementação é tecnicamente correta. Descrição em detalhes, suficiente para replicação.	Utiliza métodos de ponta e inovadores. A metodologia é apropriada e com justificativa sólida. A implementação está totalmente correta. Nível de descrição excelente para fins de replicação.
5. Limitações e explicações alternativas: Capacidade de fazer e avaliar as limitações da pesquisa e propor explicações alternativas				
As limitações da pesquisa/ metodologia e explicações alternativas não estão evidentes ou foram parcialmente desenvolvidas.	Reconhece algumas limitações da pesquisa/ metodologia que podem afetar as conclusões da pesquisa. Mas as explicações e abordagens alternativas são discutidas de maneira insuficiente.	Reconhece as principais limitações da pesquisa/ metodologia (ex: indica variáveis e associações entre variáveis que podem afetar o resultado da pesquisa). As explicações e abordagens alternativas são discutidas de maneira breve.	Reconhece as principais limitações da pesquisa/ metodologia (ex.: indicando variáveis e associações entre variáveis que podem afetar o resultado da pesquisa). As explicações/ metodologias alternativas são discutidas de maneira ampla, antecipando possíveis problemas advindo dessas soluções alternativas.	Além do anterior, faz uma análise de sensibilidade/ robustez dos resultados frente às limitações apontadas. Discute como elas podem ser mitigadas no contexto do problema analisado.

122 | Avaliação para Gestão da Aprendizagem no Ensino Superior

Quadro 8.1 Fragmento de uma rubrica desenvolvida para avaliação de dissertação de mestrado (continuação)

6. Análise dos resultados e conclusões: Capacidade de fazer julgamentos e tirar conclusões apropriadas com base na análise quantitativa ou no modelo teórico				
Resultados desconexos e reportados de insatisfatória. Carente de interpretação dos resultados. A conclusão é um resumo simplista ou afirma conclusões que não são evidentes a partir da análise conduzida.	Utiliza a análise quantitativa ou o modelo teórico como base para julgamentos superficiais e básicos. A interpretação dos resultados no contexto do problema analisado é incorreta ou incompleta. Trabalho sem maior menção às implicações para a teoria e para a prática.	Utiliza a análise quantitativa ou o modelo teórico como base para julgamentos adequados, tirando conclusões e recomendações plausíveis do trabalho. Discute e interpreta parcialmente os resultados encontrados.	Utiliza a análise quantitativa ou o modelo teórico como base para julgamentos sólidos, tirando conclusões cuidadosamente qualificadas do trabalho. Discute e interpreta de maneira adequada os resultados encontrados no contexto do problema analisado e os compara com a literatura.	Além do anterior, apresenta recomendações práticas para as principais causas do problema econômico ou financeiro analisado e levanta questões para pesquisas futuras.
7. Contribuição para o campo de economia ou finanças: Contribuir de forma relevante frente para a teoria e/ou prática nos campos de economia ou finanças				
Não adiciona conteúdo informacional a trabalhos anteriormente publicados e/ou à prática em economia ou finanças.	Repete trabalhos existentes com pequenas alterações. Aponta uma contribuição modesta e/ou aborda uma questão pouco relevante.	O trabalho aborda um problema original e/ou relevante. O trabalho contribui para prática de profissionais de economia ou finanças de forma marginal.	O trabalho aborda um problema original e/ou relevante. Apresenta uma contribuição pontual para estudos na área de economia ou finanças e contribui adequadamente para a prática de profissionais da área.	O trabalho é inovador e acima da média do que se espera de um mestrado na área de economia e finanças. Contribui de maneira relevante para a área ao fornecer novos elementos ao debate, pavimentando pesquisas futuras relacionadas à economia ou finanças.

Quadro 8.1 Fragmento de uma rubrica desenvolvida para avaliação de dissertação de mestrado (continuação)

8. Qualidade da apresentação escrita				
A escrita é confusa, pouco clara e difícil de ler. Numerosos erros gramaticais e ortográficos aparentes.	A escrita é fraca, desorganizada e faltam detalhes. Alguns erros gramaticais e ortográficos aparentes.	A escrita é adequada, quase sempre clara e a organização é lógica. Número limitado de erros de digitação, erros gramaticais e ortográficos. Algumas mudanças normais são necessárias.	Muito bem escrito, fácil de ler e compreender. Todos os detalhes estão presentes e a organização é adequada. Poucas alterações são necessárias.	A escrita é concisa e equilibrada com detalhes suficientes. A tese é muito bem estruturada. Sem erros de digitação, erros gramaticais ou ortográficos aparentes. Sem revisões ou alterações necessárias.

Fonte: NGA. *Materiais para AoL*. Insper, 2021.

Essa rubrica foi desenvolvida especificamente para avaliar as apresentações orais realizadas na banca de qualificação e defesa de dissertação de um mestrado. Observe que o critério **Qualidade da apresentação escrita** indica que uma dissertação escrita foi entregue à banca antes da avaliação.

Níveis de proficiência da rubrica

Dado o caráter inovador assumido pelos projetos de pós-graduação *stricto sensu* e sua importância na sociedade, essa rubrica conta com cinco níveis de proficiência (colunas da tabela), em que o último nível representa algo muito além do que o básico para ser aprovado em uma banca de mestrado. Os critérios de inovação presentes na rubrica estão explicitados pela metodologia e pela contribuição do trabalho para o campo das finanças.

A rubrica conta com oito critérios de avaliação (linhas da tabela), alinhados com a proposta e os objetivos de aprendizagem do curso, com base nos quais o avaliador deve indicar o desempenho do estudante de acordo com os cinco níveis da escala.

O número de critérios da rubrica depende de quantos aspectos estão sendo mobilizados na questão ou no projeto. No caso dos níveis de proficiência, não existe uma regra que defina quantos níveis de proficiência uma rubrica deve ter por padrão, e sim uma indicação. Apesar disso, há alguns aspectos relacionados à confiabilidade dos resultados obtidos por meio da rubrica, das características do projeto e da demanda de desenvolvimento da rubrica que podem ser utilizados para nortear sua escolha.

A literatura indica que a escala de proficiência deve ter entre três e cinco níveis; observe a Figura 8.2.

Figura 8.2 Diferentes formatos de escala de proficiência de uma rubrica.

Quanto mais estivermos focados em diagnosticar níveis de desempenho diferentes, para poder atuar com mais precisão, mais indicado é usar uma rubrica com escala maior. Se, por outro lado, o objetivo da rubrica for fazer um diagnóstico mais geral, a rubrica de três níveis pode ser bastante indicada.

De maneira resumida, o Quadro 8.2 mostra a relação entre o número de níveis de uma rubrica e a complexidade dos objetivos de aprendizagem avaliados. Observe como um instrumento mais complexo, com mais habilidades e com espaço para inovação demanda uma rubrica com mais níveis de proficiência.

Do ponto de vista da confiabilidade da correção, a rubrica melhora consideravelmente esse aspecto, porque diminui a subjetividade da correção entre corretores.

Quadro 8.2 Relação entre as características da rubrica e as características da avaliação

Complexidade cognitiva	Demanda de desenvolvimento	Demanda de habilidades	Possibilidade de inovação
	Questões abertas, projetos ou apresentação oral **Rubrica com 4 ou 5 níveis**	Questões abertas, projetos ou apresentação oral **Rubrica com 4 ou 5 níveis**	**Alta**
Questões abertas **Rubricas com 3 ou 4 níveis**		Questões abertas ou múltipla escolha **Rubricas com 3 ou 4 níveis**	**Média**
Múltipla escolha (sem rubrica)	Múltipla escolha (sem rubrica)		**Baixa**

Além de definir os níveis de proficiência, é muito importante que se apresente uma descrição clara do que é necessário para se atingir cada um dos níveis dispostos. Uma descrição clara e concisa desses níveis, antes da aplicação do instrumento, alinha as expectativas com os estudantes sobre o que é necessário para atingir 100% de aproveitamento, mas também, após a correção, facilita o *feedback* para os estudantes.

Interpretando os dados resultantes de uma rubrica

Observe na Figura 8.3 os resultados extraídos da rubrica do mestrado em Economia utilizado como exemplo.

Figura 8.3 Gráfico de distribuição do desempenho dos estudantes por nível de proficiência.

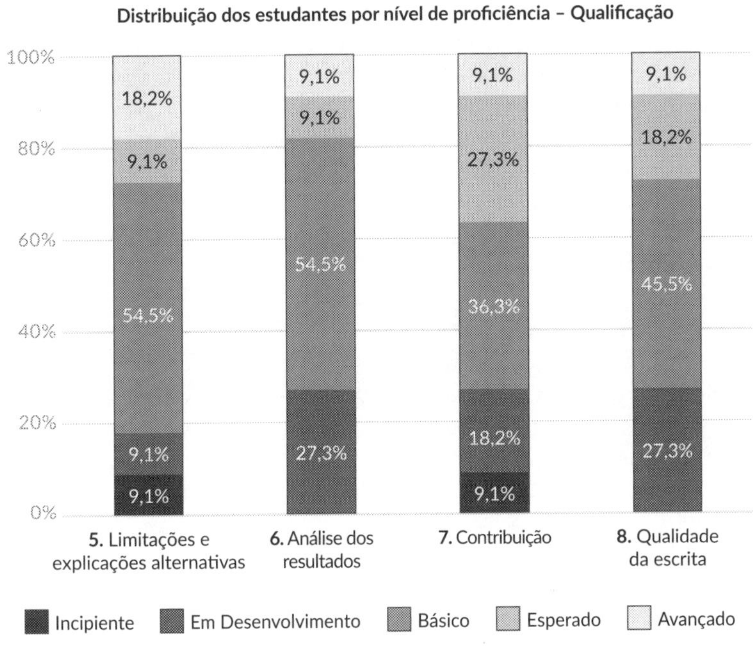

Fonte: NGA. *Materiais para AoL*. Insper, 2022.

Se compararmos com a distribuição das notas apresentadas no início deste capítulo, temos um salto enorme na interpretação dos resultados de aprendizagem dos estudantes.

O primeiro ponto a ser observado sobre os resultados é a **discriminação do desempenho** dos estudantes. Observe como há estudantes dispostos em todos os níveis de proficiência. De acordo com os resultados, a maioria somada se encontra nos níveis de proficiência: Básico, Esperado e Avançado. Esses dados fazem sentido no contexto da disciplina, pois eles passam por uma banca de qualificação do projeto no meio do curso. Nesse ponto, os estudantes têm seus trabalhos avaliados pelos mesmos critérios e tem a outra metade do curso para corrigir os pontos levantados pela banca. Portanto, normalmente, quando chegam à defesa, os trabalhos já apresentam um bom nível de qualidade.

126 | Avaliação para Gestão da Aprendizagem no Ensino Superior

O segundo ponto interessante a respeito dos resultados da rubrica do mestrado são os **pontos de atenção**. Observe o grande número de estudantes no nível básico no critério "Limitações e explicações alternativas". Se voltarmos à rubrica, podemos constatar que a característica dos estudantes que estão no nível básico é: **Reconhece as principais limitações da pesquisa/metodologia (ex.: indica variáveis e associações entre variáveis que podem afetar o resultado da pesquisa). As explicações e abordagens alternativas são discutidas de maneira breve**.

Um ponto possível de desenvolvimento desses estudantes para a defesa da dissertação seria discorrer melhor sobre as limitações do estudo e sobre as abordagens alternativas que possam atenuar essas limitações.

Rubrica específica e rubrica genérica

Além desse tipo de rubrica, chamada específica, existe a possibilidade de elaboração de uma rubrica genérica. A chamada rubrica específica orienta a correção da questão cobrindo todos os critérios avaliados, é focada na questão avaliativa (objetivos de aprendizagem + conhecimentos), dentro de um contexto delimitado. A rubrica genérica, por sua vez, descreve a *performance* do aluno, sem detalhamento, e permite a comparação de avaliações diferentes para um mesmo objetivo: ou seja, nesse caso, ela não se associa a um contexto específico. É focada no objetivo de aprendizagem em questão.

Veja um exemplo a seguir de rubrica genérica e rubrica específica no Quadro 8.3 para um mesmo objetivo de aprendizagem.

> **Objetivo de aprendizagem**: concluir sobre a viabilidade financeira e comparar alternativas de projetos de investimento e instrumentos financeiros, com base no estudo de fluxo de caixa descontado.

Quadro 8.3 Exemplo de rubrica genérica e de rubrica específica (continua)

	Genérica			
Questão/critério	Incipiente	Em desenvolvimento	Básico	Esperado
Elaborar fluxo de caixa	Elabora o fluxo de caixa com um erro ou mais tanto nos valores de receitas como das despesas nos períodos.	Elabora o fluxo de caixa com um erro ou mais nos valores de receitas, ou nos valores das despesas nos períodos.	Elabora o fluxo de caixa corretamente para todos os valores de receitas e despesas nos períodos, mas erra no cálculo do fluxo de caixa líquido.	Elabora o fluxo de caixa corretamente para todos os valores de receitas e despesas nos períodos, e calcula corretamente também o fluxo de caixa líquido para todos os períodos.

Capítulo 8 • Rubricas de Correção | 127

Quadro 8.3 Exemplo de rubrica genérica e de rubrica específica (continuação)

Analisar viabilidade financeira do fluxo de caixa	Não seleciona indicador de desempenho (pode ser VPL, TIR, *payback* ou *payback* descontado) para análise de viabilidade.	Seleciona indicador de desempenho (pode ser VPL, TIR, *payback* ou *payback* descontado) para análise de viabilidade, mas não aplica método corretamente.	Seleciona indicador de desempenho (pode ser VPL, TIR, *payback* ou *payback* descontado) para análise de viabilidade, aplica método corretamente, mas não conclui a análise corretamente.	Seleciona indicador de desempenho (pode ser VPL, TIR, *payback* ou *payback* descontado) para análise de viabilidade, aplica método corretamente e conclui a análise corretamente.
		Específica		
Questão/critério	**Incipiente**	**Em desenvolvimento**	**Básico**	**Esperado**
Elaborar fluxo de caixa (a)	Elabora o fluxo de caixa com um erro ou mais tanto nos valores de receitas como das despesas nos períodos (*vide* fluxo da correção).	Elabora o fluxo de caixa com um erro ou mais nos valores de receitas, ou nos valores das despesas nos períodos (*vide* fluxo da correção).	Elabora o fluxo de caixa corretamente para todos os valores de receitas e despesas nos períodos, mas erra no cálculo do fluxo de caixa líquido (*vide* fluxo da correção).	Elabora o fluxo de caixa corretamente para todos os valores de receitas e despesas nos períodos, e calcula corretamente também o fluxo de caixa líquido para todos os períodos (*vide* fluxo da correção).
Analisar viabilidade financeira do fluxo de caixa (um critério: VPL, TIR, *payback* ou *payback* descontado) (b. 1º critério)	Não seleciona indicador de desempenho (pode ser VPL, TIR, *payback* ou *payback* descontado) para análise de viabilidade.	Seleciona indicador de desempenho (pode ser VPL, TIR, *payback* ou *payback* descontado) para análise de viabilidade, mas não aplica método corretamente. (ver cálculo na correção).	Seleciona indicador de desempenho (pode ser VPL, TIR, *payback* ou *payback* descontado) para análise de viabilidade, aplica método corretamente (ver cálculo na correção), mas não conclui que o projeto é viável.	Seleciona indicador de desempenho (pode ser VPL, TIR, *payback* ou *payback* descontado) para análise de viabilidade, aplica método corretamente (ver cálculo na correção) e conclui a análise indicando que o projeto é viável.

Quadro 8.3 Exemplo de rubrica genérica e de rubrica específica (continuação)

| Analisar viabilidade financeira do fluxo de caixa (um critério: VPL, TIR, *payback* ou *payback* descontado) (b. 2º critério) | Não seleciona um segundo indicador de desempenho (pode ser VPL, TIR, *payback* ou *payback* descontado) para análise de viabilidade. | Seleciona segundo indicador de desempenho (pode ser VPL, TIR, *payback* ou *payback* descontado) para análise de viabilidade, mas não aplica método corretamente (ver cálculo na correção). | Seleciona indicador de desempenho (pode ser VPL, TIR, *payback* ou *payback* descontado) para análise de viabilidade, aplica método corretamente (ver cálculo na correção), mas não conclui que o projeto é viável. | Seleciona indicador de desempenho (pode ser VPL, TIR, *payback* ou *payback* descontado) para análise de viabilidade, aplica método corretamente (ver cálculo na correção) e conclui a análise indicando que o projeto é viável. |

Fonte: NGA. *Materiais para AoL*. Insper, 2022.

Rubrica e sistema de notas

Observe a distribuição das notas na Figura 8.4.

Figura 8.4 Gráfico de distribuição das notas de um instrumento de avaliação.

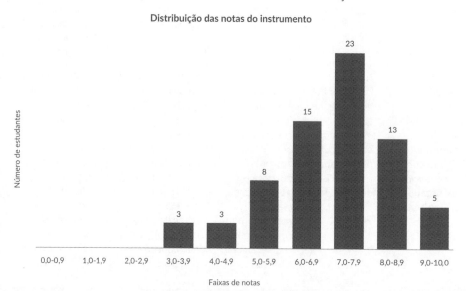

Sobre a distribuição hipotética mostrada no gráfico, conseguimos tirar poucas conclusões detalhadas a respeito da aprendizagem dos estudantes. De prontidão, sabemos que a maioria dos estudantes tirou notas entre 6,0 e 7,9, mas nada se sabe sobre seus problemas de aprendizagem no assunto avaliado. Por exemplo:

- Quais são os problemas com os estudantes que estão abaixo da média?
- Quais são as dificuldades encontradas pelos estudantes em cada faixa de notas?
- Que tipo de intervenção poderia ser realizada para mudar o panorama apresentado?
- É desejável que haja tantos estudantes em apenas uma faixa, como a de 7,0 a 7,9?
- Se 5,0 for a nota de aprovação no instrumento, o que difere o estudante que tirou 4,9 e foi reprovado daquele que tirou 5,0 e foi aprovado?

As respostas dessas questões só são possíveis se houver a formalização dos critérios de correção na forma de rubrica. Dessa maneira, independentemente do aluno corrigido, você consegue posicioná-los de maneira mais assertiva em cada critério e corrigir toda uma turma ou alternar diferentes corretores com a mesma régua.

 Vamos praticar?

Com base no que você aprendeu neste capítulo e no *checklist* disponibilizado a seguir, analise a rubrica que se segue.

Enunciado:

Questão 3 (3,5)

Considere a função lucro que uma empresa tem com a venda do produto TOP, medida em reais, em função da quantidade vendida do produto, x, em que $x \geq 0$:

$$L(x) - 0,1 \cdot e^{2x - 0,1x^2}$$

(2,0) a) Determine a quantidade que maximiza o lucro da empresa x_m.

(1,5) b) Sabendo que o custo referente à produção do produto TOP pode ser escrito como sendo $C(x) = 50 \cdot x$, estime o valor da receita marginal para a quantidade em que o lucro for máximo.

Observação: *Admita que a receita marginal possa ser aproximada pela derivada da receita.*

Fonte: NGA. *Materiais para AoL*. Insper, 2022.

Objetivos de aprendizagem:

Item a: Calcular e interpretar o resultado das derivadas das funções apresentadas.

Item b: Calcular o valor da receita marginal de maneira que maximize o lucro.

	Em branco	Insatisfatório	Essencial	Proficiente
Item a	0 a 0 pontos Em branco	0 a 0,5 pontos Não conhece a técnica de derivação ou comete equívocos na aplicação das técnicas	0,5 a 1 pontos Comete pequenos equívocos na aplicação das técnicas de derivação ou não interpretou corretamente o valor obtido com o problema proposto	1 a 2 pontos Acerta as derivadas das funções que são apresentadas e interpretou corretamente o valor obtido com o problema proposto
Item b	0 a 0 pontos Em branco	0 a 0,5 pontos Obteve R(x) a partir da definição da função lucro	0,5 a 1 pontos Comete pequenos equívocos nos cálculos para determinar a receita marginal	1 a 2 pontos Determinou corretamente o valor da receita marginal para a quantidade que maximiza o lucro

Faça você mesmo

Utilizando uma questão aberta de suas avaliações e seu respectivo padrão de resposta, realize o exercício a seguir.

Crie uma rubrica para uma questão discursiva de uma avaliação de sua disciplina.

Sua entrega deve conter:

- Quais objetivos de aprendizagem da disciplina e conceitos estão envolvidos na questão.
- Três níveis de definição de qualidade, ou escala de proficiência (utilize escalas de medida como quantidade, frequência e intensidade).

Ao criar a escala de proficiência, reflita: Quais conhecimentos os estudantes deveriam demonstrar para se encaixar em três diferentes níveis de proficiência?

Dica: Começar pelo nível Proficiente, seguindo pelo Incipiente e depois pelo Básico. Você também pode utilizar um padrão de respostas como início. Nele, descreva o que espera como resposta à questão. Essa descrição pode ser o nível **Proficiente** de sua rubrica. Você pode derivar os demais níveis a partir dessa definição da entrega ideal.

Por fim, utilize uma amostra com estudantes em diferentes níveis de proficiência para que você possa refinar os critérios de avaliação.

 **Checklist**

Ao avaliar a rubrica de correção, verifique se a rubrica:

- Discrimina diferenças qualitativas no desempenho dos estudantes.
- Identifica habilidades e/ou conceitos que os estudantes devem desenvolver em cada questão.
- Descreve quais conhecimentos os estudantes deveriam demonstrar para se encaixar em diferentes níveis de proficiência.
- Utiliza pelo menos três níveis de definição de qualidade.
- Utiliza escalas de medida como quantidade, frequência e intensidade.
- Utiliza uma linha da rubrica para cada habilidade/conceito, tentando separar os diferentes aspectos de interesse.

 O que você aprendeu neste capítulo?

Neste capítulo, aprendemos sobre a importância das rubricas e a desenvolver uma rubrica de correção para instrumentos abertos.

 Referências

GIANESI, I.; MACHADO, J.; MALLET, D. *Formação de professores no desenho de disciplinas e cursos*: foco na garantia de aprendizagem. São Paulo: Atlas, 2021.

JONSSON, A.; SVINGBY, G. The use of scoring rubrics: reliability, validity and educational consequences. *Educational Research Review*, v. 2, n. 2, p. 130-144, 2007. Disponível em: https://doi.org/10.1016/j.edurev.2007.05.002. Acesso em: 23 fev. 2023.

NICOLA, R.; AMANTE, L. Rubricas: avaliação de desempenho orientada às competências na educação superior. *FCC, Revista Educa*. Disponível em: http://educa.fcc.org.br/scielo.php?pid=S0103-68312021000100220&script=sci_arttext. Acesso em: 20 fev. 2023.

PANADERO, E.; JONSSON, A. The use of scoring rubrics for formative assessment purposes revisited: a review. *Educational Research Review*, v. 9, n. 129-144, 2013. Disponível em: https://doi.org/10.1016/j.edurev.2013.01.002. Acesso em: 23 fev. 2023.

ROCHFORD, L.; BORCHERT, P. S. Assessing higher level learning: developing rubrics for case analysis. *Journal of Education for Business*, v. 86, n. 5, p. 258-265, 2011. Disponível em: https://doi.org/10.1080/08832323.2010.512319. Acesso em: 23 fev. 2023.

Capítulo **9**

TIPOS DE AVALIAÇÃO – DIAGNÓSTICA, FORMATIVA E SOMATIVA

OBJETIVOS DE APRENDIZAGEM DO CAPÍTULO

1. Distinguir as avaliações diagnóstica, formativa e somativa.
2. Criar um mapa de avaliação de disciplina, considerando sua duração e os tipos de avaliações de acordo com o propósito de intervenção que se deseja realizar.

Está difícil de o pessoal tomar jeito

Nos últimos quatro anos, o professor Júlio vem ministrando a disciplina Introdução ao Métodos Analíticos no curso de graduação em Administração. Agora, vai chegar uma professora nova, para assumir algumas turmas que Júlio não está conseguindo absorver. Nesse contexto, a coordenação lhe pediu para orientar a nova colega sobre seus métodos, com foco no processo avaliativo.

Fazendo uma análise do que vem realizando, Júlio observa que, em sua metodologia, gosta de explicar primeiro alguns conceitos. Depois, interpreta alguns gráficos e tabelas em sala, para os estudantes verem como devem fazer. Só depois disso, Júlio passa a usar algumas bases de dados em sala. Os alunos praticam fazendo exercícios fora das aulas, depois que o professor já explicou tudo.

Seu processo avaliativo é bem simples: aplica uma avaliação intermediária e um exame final, pedindo que os alunos façam os cálculos e analisem os dados. Nas aulas, dado o volume de assuntos a abordar, não dá para os alunos fazerem muitas atividades. Então, para praticar, eles executam atividades complementares, como listas de exercícios com correção automática no sistema. Se o aluno assistir às aulas, deve conseguir fazer os exercícios, sejam das listas, sejam das provas.

Ele conversou com a nova docente e se dispôs a assistir uma aula, para ver se tinha conseguido passar o que tinham conversado. Ela é mais inexperiente, mas Júlio considerou a conversa suficiente. Dali para frente, era só seguir.

Para surpresa de Júlio, a colega veio procurá-lo um mês depois para dizer que os alunos foram muito mal na prova intermediária, porque não estavam sabendo conteúdos básicos que já deveriam dominar. Ela pediu sugestão de como seguir, e a mensagem de Júlio foi direta: "diga aos alunos que eles precisam rever alguns conteúdos. Passe uma lista na lousa, indique uns livros e deixe por conta deles. Vamos ver se, com essa estratégia, eles tomam jeito e vão melhor na prova final".

O que pode estar acontecendo nessa situação?

Há diversos aspectos que podem ser discutidos na situação vivida pelo professor Júlio, sua colega e os alunos. Vamos destacar os momentos avaliativos mencionados, aspecto que domina a maior parte do relato. Parece que o desempenho dos estudantes na prova intermediária não correspondeu ao que a colega docente esperava, e o professor Júlio entende que os alunos precisam tomar um "chacoalhão", para estudarem o que já deveriam saber.

No entendimento do docente, os resultados da prova são de inteira responsabilidade dos estudantes e, nesse sentido, eles devem estudar "no paralelo" ("afinal, isso é por conta deles").

Em nenhum momento o professor se questiona se algo pode ser feito na sequência de aulas a partir do desempenho demonstrado pelos estudantes. Há muitos tópicos a serem desenvolvidos e, portanto, o resultado da avaliação representa o caminho que o aluno

Capítulo 9 • Tipos de Avaliação – Diagnóstica, Formativa e Somativa | 135

conseguiu ou não traçar. Isso fica claro, também, no andamento das aulas: não se pratica muito em sala. Nesse ambiente, o professor explica e os estudantes acompanham. No entanto, parece que não praticam o que se espera deles com a mediação do professor a partir dos resultados.

A concepção de avaliação do professor Júlio está muito presente nas práticas docentes: cabe ao professor ensinar. Se o aluno aprende ou não, já é com ele. Assim, as avaliações são vistas como momentos para que o aluno demonstre o que aprendeu sozinho (estudando ou não fora da sala e, nesse espaço, limitando-se a acompanhar o que o professor está fazendo. Essa visão do aprender implica que, se acompanhamos alguém fazendo algo, automaticamente também seremos capazes de fazer essa mesma coisa).

Esta obra parte de uma visão sobre avaliação distinta da que foi apresentada na situação do professor Júlio. Para discutir essa nova perspectiva, vamos fazer algumas considerações sobre o que entendemos por avaliação.

Em nosso entender, um processo avaliativo da aprendizagem precisa considerar dois aspectos:

1. Onde se quer que os alunos estejam em um dado momento de uma disciplina ou ao final de um programa? Dizendo de outro modo: quais são os objetivos de aprendizagem?
2. Como saber se eles chegaram lá?

A avaliação, assim, é o processo de coletar informações sobre o desempenho dos estudantes para planejar ações pedagógicas que possam melhorar o aprendizado. Essas informações são fundamentais para que os gestores acadêmicos e docentes possam fazer a gestão do processo, a fim de que os melhores resultados sejam atingidos.

Reforçamos que é preciso organizar instrumentos avaliativos alinhados aos objetivos de aprendizagem para que se possam fazer as medições. Há duas razões principais para alinhar avaliações com objetivos de aprendizagem. Primeiro, o alinhamento aumenta a probabilidade de proporcionar aos estudantes as oportunidades de aprender e praticar os conhecimentos e objetivos de aprendizagem que serão necessários nas várias avaliações desenvolvidas.

Em segundo lugar, quando as avaliações e os objetivos estão alinhados, as "boas notas" tendem a traduzir-se em "boa aprendizagem". Quando os objetivos e avaliações são desalinhados, muitos estudantes concentrarão seus esforços em atividades que levarão a boas notas nas avaliações, em vez de concentrar seus esforços em aprender o que acreditamos ser importante. As avaliações, portanto, devem proporcionar aos alunos a oportunidade de melhorar sua aprendizagem e, para tanto, há um componente essencial: o *feedback*, que pode ser entendido como qualquer momento de mediação da aprendizagem por parte do professor e voltado às dificuldades de aprendizado que os estudantes apresentam, com o objetivo de superá-las.

No caso vivido pelos professores, não temos informações sobre os objetivos de aprendizagem. Também não sabemos muito sobre o que cabe aos alunos nas dinâmicas de aula, além de observar os docentes. A prática deles vem com as listas de exercícios, mas não se sabe também o quanto essas atividades estão alinhadas ou não aos objetivos do curso. É claro que a dedicação dos alunos é importante, mas só essa falta de alinhamento já nos acende uma luz amarela e pode ser uma pista do desempenho indesejado dos estudantes.

136 | Avaliação para Gestão da Aprendizagem no Ensino Superior

Dizendo de outro modo: o que eles estão praticando nas listas tem a ver com o que é avaliado na prova? "Ter a ver", aqui, significa que os alunos estão mobilizando os mesmos objetivos, seja quando estão fazendo atividades avaliativas ou não. Nesse sentido, não parece haver orientação prática clara (objetivo de aprendizagem) norteando as dinâmicas de aulas e as atividades avaliativas.

Segundo Ambrose *et al.* (2010), a prática dirigida por si só é insuficiente para promover a aprendizagem dos alunos. Ela precisa estar articulada com o *feedback*, de modo a promover ganhos de aprendizagem. Assim como um mapa fornece informações importantes para ajudar um viajante a saber sua posição atual, um *feedback* eficaz fornece informações sobre o estado atual de conhecimento e desempenho de um aluno, o que pode orientá-lo no trabalho em direção ao objetivo de aprendizagem.

Em outras palavras, o *feedback* eficaz pode dizer aos alunos o que eles estão ou não estão entendendo, por que seu desempenho está indo bem ou mal, e em que direção eles devem orientar seus esforços subsequentes. Na situação vivida por Júlio e seus alunos, não são apresentados dados sobre o aprendizado, para que o professor possa analisar possíveis causas que podem estar gerando desempenhos insatisfatórios.

Desse modo, não há uma análise dos resultados e das partes que o compõem (instrumentos de avaliação, rubricas etc.) para que o professor possa reavaliar o planejamento e propor ações que possam gerar impacto positivo no aprendizado. Nesse sentido, a ausência de *feedback* de sua parte para com os estudantes também pode ser considerada um aspecto não planejado no desenvolvimento da disciplina, o que, se pensarmos no aspecto mediador do professor no aprendizado, pode ser compreendido como elemento-chave no processo de aprender.

Extrapola o escopo desta obra aprofundar nas discussões sobre *feedback*, mas consideramos relevante mencionar que o processo avaliativo desacompanhado de devolutivas tende a deixar o processo incompleto. A mediação docente, a partir de evidências, é elemento fundamental para a aprendizagem mais efetiva.

Na avaliação aplicada pela professora substituta, foi levantado um ponto importante: ela diagnosticou que o conhecimento prévio pressuposto de certos conteúdos foi um fator importante para o desempenho indesejado dos alunos. Na conversa com o professor Júlio, ele ponderou que os alunos deveriam ser informados sobre isso e estudarem o que não estavam sabendo, mas deveriam saber. Em nosso entendimento, a visão sobre o que fazer a partir de evidências da aprendizagem deveria envolver ações efetivas também do professor. Nessa perspectiva (do melhor uso de resultados de aprendizagem no decorrer de um curso ou disciplina), vamos resgatar três dimensões fundamentais e conhecidas do processo avaliativo: a diagnóstica, a formativa e a somativa.

Em linhas gerais, a dimensão **diagnóstica** é entendida como a coleta de evidências sobre o estágio de aprendizagem em que os estudantes estão quando será iniciado um processo de aprendizagem. A **formativa**, por sua vez, é a coleta de informações oriundas de avaliações aplicadas no decorrer da disciplina ou curso, e permite a intervenção nos *gaps* de aprendizagem, para que possam ser superados. Por fim, avaliações **somativas**, normalmente aplicadas ao final do processo de aprendizagem, geram insumos para a gestão do planejamento das disciplinas ou cursos. Vamos conversar um pouco mais sobre cada uma delas. Observe a Figura 9.1.

Figura 9.1 Esquema de alinhamento entre o tipo de avaliação e o momento da disciplina ou do curso.

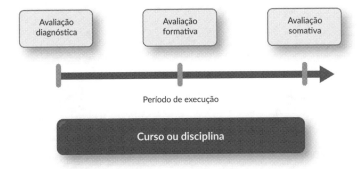

AVALIAÇÃO DIAGNÓSTICA

Pode ser entendida como aquela que se centra em compreender em que estágio do desenvolvimento os estudantes estão em relação a algum objetivo de aprendizagem que se pretenda desenvolver. Dessa forma, o desenvolvimento do processo de aprendizado durante determinada disciplina ou curso partiria do ponto efetivo em que os estudantes estão, não de um conhecimento presumido.

Se o interesse do professor for estabelecer um panorama realista do desempenho dos estudantes que estão ingressando em sua turma e realizar intervenções na dinâmica de sala de aula no decorrer da disciplina, ele está interessado em uma avaliação diagnóstica dos estudantes. Esse tipo de avaliação serve para identificar os *gaps* que estudantes trazem de experiências anteriores.

Por exemplo, um professor de nível superior que dá aulas no primeiro semestre da faculdade, ele está ciente de que seus estudantes têm diferentes perfis e vêm de diferentes escolas, cidades e até estados. Esse professor pode estar interessado em entender quais habilidades seus estudantes trouxeram do ensino médio para que possa identificar a necessidade de atividades de nivelamento dos estudantes e ajustar sua dinâmica. Dessa forma, todos partem do mesmo ou de pontos partida próximos na sua disciplina.

A avaliação diagnóstica traz informações úteis para que o professor não subestime ou superestime o conhecimento prévio dos estudantes. Ao mesmo tempo, evita a frustração do próprio docente ao perceber, no decorrer e/ou ao final de uma disciplina, que os estudantes não conseguem atingir os objetivos de aprendizagem.

A avaliação diagnóstica não necessariamente precisa ser composta de muitas questões. Ela pode ser uma atividade que visa coletar evidências sobre algum *gap* no conhecimento prévio dos estudantes. Por exemplo, em um curso de Ciências Biológicas há uma disciplina chamada Bioquímica de Proteínas. Essa disciplina, oferecida no primeiro semestre do curso, recebe estudantes diretamente do ensino médio.

Todos os anos, na primeira avaliação da disciplina, na qual são avaliados os conhecimentos dos estudantes sobre estrutura de proteínas, o docente percebe que os estudantes desenham a estrutura secundária da alfa-hélice de maneira muito semelhante ou idêntica com à dupla hélice de DNA. Essa atitude é compreensível por parte de estudantes do primeiro período do curso, já que, durante o ensino médio e cursos pré-vestibulares, as imagens da dupla hélice de DNA são muito utilizadas no livro didático. Já as estruturas secundárias de proteínas não são abordadas nessa fase do aprendizado. Nas Figuras 9.2 e 9.3 podemos observar as diferenças entre as duas estruturas.

Figura 9.2 Dupla hélice de DNA.

Figura 9.3 Alfa-hélice.

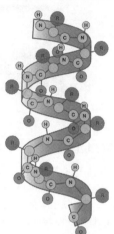

Fonte: Adaptadas de LODISH, H. et al. *Molecular cell biology*. 5. ed. W. H. Freeman and Company, 2004. Disponível em: https://blogdoenem.com.br/dna-biologia-enem/. Acesso em: 18 jul. 2023.

Sabendo que são estruturas completamente diferentes e que podem levar a confusões com relação à função e à atuação dessas estruturas no metabolismo, um professor pode decidir aplicar uma atividade em que peça aos alunos que desenhem uma alfa-hélice. Com essa atividade simples, o docente pode conseguir diagnosticar se aquela turma consegue distinguir as duas estruturas, investigar o que está confundindo os estudantes e adaptar suas dinâmicas para que na avaliação os estudantes não tenham esse problema.

AVALIAÇÃO FORMATIVA

A avaliação formativa tem como foco o acompanhamento do processo de aprendizagem, para que possam ser feitas intervenções durante esse processo. São as avaliações aplicadas durante uma disciplina ou curso em que se pretende acompanhar como está o aprendizado dos estudantes e intervir, por meio de *feedback* e outras ações pedagógicas, para que a aprendizagem seja alcançada.

Durante a disciplina, é de suma importância que o professor realize avaliações pontuais que permitam entender como está o desenvolvimento dos objetivos de aprendizagem pelos estudantes. Essas avaliações são chamadas avaliações formativas. Por meio dessa avaliação e do *feedback* fornecido aos estudantes, o professor consegue orientá-los sobre como recuperar os *gaps* encontrados até o momento e, se necessário, mudar a rota para que os objetivos da disciplina sejam atingidos ao seu final.

Capítulo 9 • Tipos de Avaliação – Diagnóstica, Formativa e Somativa | 139

Dado esse caráter formativo, é interessante observar que, nessas avaliações, as evidências de aprendizagem são muito mais importantes do que a nota numérica atribuída ao estudante. A nota é muito mais uma motivação extrínseca para avaliar formativamente. Por isso, rubricas são ideais para corrigir esse tipo de avaliação, caso o instrumento seja aberto, pois se a nota não representar explicitamente onde o estudante acertou ou errou, o instrumento perde seu valor formativo. No caso de questões objetivas, é importante formular detratores com hipóteses de erros, que possam auxiliar o docente a identificar as dificuldades dos estudantes em responder às questões.

Atualmente, há diversas soluções tecnológicas que viabilizam a avaliação formativa em turmas com tamanhos e objetivos de aprendizagem diversos. Um exemplo clássico nas instituições de ensino superior são os *Learning Management Systems* (LMSs). Nesses ambientes, o docente pode criar bancos de questões abertas ou de múltipla escolha, embaralhar a ordem das questões e das alternativas, facilitar a correção de avaliações com a ajuda de uma rubrica e até enviar *feedbacks* automatizados para os estudantes. Para além desses sistemas robustos e de instituições maiores, há diversas ferramentas gratuitas na internet nas quais se pode disponibilizar testes e receber os resultados em tempo real. Também já é possível usar inteligências artificiais para uma primeira produção de questões e rubricas, que podem ser refinadas pelo docente.

O *feedback* fornecido aos estudantes na avaliação formativa, seja ele individual ou em grupo, é muito mais importante do que a nota atribuída na avaliação, já que o objetivo dessa avaliação é identificar pontos de desenvolvimento nos estudantes. É interessante deixar claro que um *feedback* não anula a nota. A nota é muito mais uma motivação extrínseca do que algo importante para avaliar formativamente.

Um exemplo da importância do *feedback* em relação à nota são os cursos livres e não regulados, como os de educação executiva/corporativa. Nesses cursos, a atribuição de nota não é obrigatória, e é interessante tanto para o estudante quanto para a melhoria contínua do curso ter evidências de aprendizagem dos estudantes no decorrer dele.

Imagine um docente de um curso de Ciência de Dados, da disciplina de Modelos Preditivos. Ao abordar o assunto de modelos de predição, ele divide os modelos abordando apenas um por aula, para que os estudantes não se confundam. Ao final de cada aula, antes de passar ao próximo modelo, ele pode verificar se os estudantes conseguem mobilizar os objetivos de aprendizagem daquela aula. Para isso, ele utiliza um questionário *on-line*, com questões de múltipla escolha, no qual os resultados são computados automaticamente.

Essa facilidade da tecnologia permite que ele consiga dar um *feedback* em tempo real aos estudantes e até mesmo remediar algumas dúvidas que ele tenha identificado com base nos resultados. Ao mesmo tempo, caso seja necessário, ele pode mudar o plano da próxima aula para abordar uma dificuldade que necessite de mais tempo.

Na Figura 9.4, apresentamos um exemplo de questão desse questionário. A resposta correta para a regressão polinomial é a alternativa "d"; entretanto, 80% dos estudantes responderam incorretamente (Figura 9.5).

Sobre esse resultado, o que as alternativas selecionadas dizem a respeito dos *gaps* de aprendizagem desses estudantes? Esse é um exemplo de pergunta que o professor deve se fazer para fornecer *feedback* e sanar as dúvidas dos estudantes sobre o assunto.

Figura 9.4 Exemplo de questão.

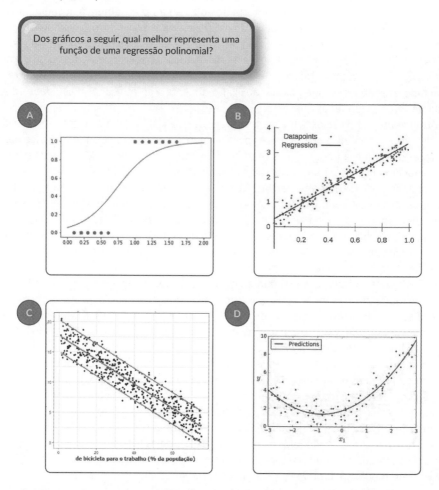

Figura 9.5 Distribuição do desempenho dos estudantes no *quiz* da Figura 9.4. Figura gerada automaticamente pelo formulário *on-line*.

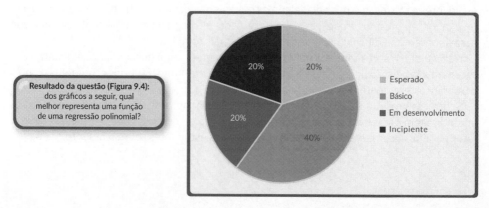

Capítulo 9 • Tipos de Avaliação – Diagnóstica, Formativa e Somativa | 141

Sobre esse resultado, o que as alternativas selecionadas dizem a respeito dos *gaps* de aprendizagem desses estudantes? Esse é um exemplo de pergunta que o professor deve se fazer para fornecer *feedback* e sanar as dúvidas dos estudantes sobre o assunto.

AVALIAÇÃO SOMATIVA

Ao final da disciplina ou de um programa, para entender se os objetivos de aprendizagem foram atingidos, usa-se a avaliação somativa. Um exemplo desse tipo de avaliação são as dissertações e teses utilizadas na pós-graduação *stricto sensu*, como em cursos de mestrado e doutorado. A banca de avaliação desses trabalhos tem como objetivo avaliar se os objetivos do projeto científico proposto pelo estudante e pelo orientador foram atingidos ao final do programa.

Além disso, essa avaliação pode ter como objetivo fornecer evidências para o redesenho de um programa ou de um curso. Imagine que as avaliações finais ou somativas de uma disciplina ao longo do tempo mostrem um mesmo problema repetindo-se ao longo do tempo. As evidências coletadas podem significar um problema no currículo. Os *gaps* nos objetivos de aprendizagem servem para redesenhar os planos de aula da disciplina para que os objetivos sejam finalmente atingidos.

A avaliação somativa pode ser compreendida como aquela que ocorre ao final de um processo de aprendizado e busca trazer insumos para que se possa analisar e rever o planejamento da disciplina ou do curso, com vistas a intervir no percurso de aprendizagem de maneira mais efetiva. Além disso, ela pode indicar se o aluno está pronto para progredir para estágios curriculares mais avançados.

Por exemplo, um professor de uma disciplina chamada Democracia e Constituição, em um curso de Direito, planejou quatro objetivos de aprendizagem para sua disciplina. Os objetivos previstos são apresentados a seguir.

Ao final da disciplina, os estudantes serão capazes de:

1. Identificar e compreender as principais justificativas normativas associadas às ideias de "democracia", "estado de direito" e "constituição/constitucionalismo", compreendendo sua conexão com problemas práticos de desenho de instituições e organização do estado.
2. Identificar e compreender as principais visões sobre quais seriam as propriedades necessárias e suficientes para a caracterização de um regime como "democracia constitucional".
3. Aplicar essas dimensões (1) e (2) na análise de conjuntos de regras eleitorais, de organização e do sistema político e das relações entre os poderes estatais, compreendendo suas implicações para o processo político decisório e para a ideia de "democracia". Ao final do semestre, ele gostaria de saber se os estudantes tiveram essa compreensão.
4. Avaliar propostas de reformas no Brasil do ponto de vista de diferentes concepções de "democracia constitucional".

Observe que os objetivos de aprendizagem da disciplina apresentam uma ordem, de certa forma, cumulativa, sendo que um estudante que é capaz de mobilizar a habilidade número (4) muito provavelmente conseguirá mobilizar as demais.

Para investigar se os estudantes atingiram o nível cognitivo de avaliar as propostas de reforma no Brasil do ponto de vista de diferentes concepções de democracia, ele pode aplicar uma avaliação, ao final da disciplina, que contemple os quatro objetivos de aprendizagem, alinhando cada questão com cada um dos objetivos. Dessa forma, ele teria evidências de que os estudantes chegaram no nível cognitivo proposto e também poderia utilizar os dados das outras questões para investigar onde a maior parte dos estudantes parou no desenvolvimento dessas habilidades.

Retomando a situação inicial, no caso vivido pelo professor Júlio e seus alunos, a avaliação não foi plenamente desenvolvida em nenhuma das três dimensões apontadas: ele tem alguns "palpites" sobre o que aconteceu, mas não há uma ação de sua parte para analisar o que os dados de fato estão comunicando. Nesse sentido, eles não servem para rever o planejamento (avaliação somativa), dar *feedback* (uso formativo) ou diagnosticar (esse nem seria o caso, pois não foram feitas avaliações para que o professor Júlio tivesse alguma informação sobre o conhecimento prévio dos estudantes).

 Vamos praticar?

Dado o conteúdo programático da sua disciplina, identifique quais aspectos ou objetivos de aprendizagem você acredita que devam ser abordados em uma avaliação diagnóstica da sua disciplina.

Considere que, como aprendemos neste capítulo, a avaliação diagnóstica irá verificar os objetivos de aprendizagem que são imprescindíveis para um bom desempenho na sua disciplina.

 Faça você mesmo

Faça um levantamento de todas as disciplinas que você leciona e as avaliações individuais que você aplica em sua disciplina, sejam elas avaliações intermediárias e finais, *quizzes*, projetos etc. Diante desse levantamento, crie um mapa no qual você consiga relacionar suas atividades avaliativas com as tipologias vistas neste capítulo: diagnóstica, formativa ou somativa. Então, observe os desdobramentos desse mapa e se você está aproveitando todos os tipos de avaliações disponíveis para verificar a aprendizagem dos seus estudantes.

 Checklist

- Verifique se o tipo de avaliação escolhida está alinhado ao seu propósito de diagnóstico, *feedback* ou intervenção na próxima disciplina.
- Verifique se você está tirando vantagem dos tipos de avaliações disponíveis para verificar a aprendizagem dos estudantes.
- Assegure que haja uma reflexão acerca dos dados dos estudantes independentemente do tipo de avaliação, para que a avaliação da aprendizagem cumpra seu propósito.

O que você aprendeu neste capítulo?

Neste capítulo, aprendemos a diferenciar tipos de avaliações de acordo com o propósito de intervenção que se deseja aplicar. As avaliações diagnósticas são mais interessantes para checar o conhecimento prévio dos estudantes, as formativas são para acompanhar o aprendizado e fornecer *feedback* com o objetivo de melhorar a aprendizagem, e as somativas são úteis para verificar se os objetivos de aprendizagem de uma disciplina ou programa foram atingidos e para fornecer evidências para o redesenho da disciplina ou do currículo.

 Referências

AMBROSE, S. A. *et al. How learning works*: 7 research-based principles for smart teaching. John Wiley and Sons, 2010.

LODISH, H. *et al. Molecular cell biology*. 5. ed. New York: W. H. Freeman and Company, 2004.

PERRENAUD, P. *Avaliação*: da excelência à regulação das aprendizagens entre duas lógicas. Porto Alegre: Artmed, 1999.

VILLAS BOAS, B. *Avaliação das aprendizagens, para as aprendizagens e como aprendizagem*. Campinas: Papirus, 2022.

Capítulo **10**

VALIDADE E CONFIABILIDADE DE INSTRUMENTOS AVALIATIVOS

OBJETIVOS DE APRENDIZAGEM DO CAPÍTULO

1. Distinguir validade e confiabilidade.
2. Aplicar critérios para validação de questão.
3. Avaliar a validade de questões, considerando o enunciado e o padrão de resposta ou gabarito.
4. Avaliar a discriminação de questões por meio da distribuição dos estudantes nos diferentes níveis de proficiência propostos.

Acho que ela não entendeu

Maria Clara está muito animada para iniciar o próximo semestre letivo. Ela conseguiu, finalmente, ser contratada por uma faculdade que muito admira e na qual sempre quis ser docente no curso de Arquitetura.

Após sua contratação, a coordenadora já quis fazer uma reunião para explicar, com mais detalhes, a disciplina Instalações Técnicas I e seu papel no curso. Ela é a primeira de uma série de quatro disciplinas, que vão aumentando o nível de complexidade. A coordenação pediu para a professora procurar os demais docentes, para entender o encadeamento das disciplinas e compreender como elas deveriam evoluir. São projetos que vão sendo desenvolvidos, do mais simples, na disciplina que Maria Clara vai ministrar, até o último, bem mais robusto.

Maria Clara gostou muito da conversa com os colegas e saiu bastante inspirada para ver o planejamento. O documento parecia ok, então não considerou fazer grandes mudanças. Só achou estranho que não eram propostas provas para avaliação, apenas os projetos, e resolveu inserir duas: uma logo no primeiro mês e outra no meio do semestre. Assim, os alunos precisariam estudar e isso não prejudicaria o desenvolvimento do projeto de instalação: ao contrário, em seu entender, iria facilitar.

Dois dias após a aplicação da primeira prova, a coordenadora do curso fez contato para marcar uma reunião. Ela foi clara, já explicitando que gostaria que a professora explicasse como uma prova com aspectos conceituais seria adequada para avaliar a capacidade dos alunos em "analisar o contexto geográfico, social e econômico para implementação de uma possível instalação técnica".

Para Maria Clara, estava muito claro: a prova pedia justamente para que os alunos explicassem as premissas do contexto geográfico, social e econômico. Será que a coordenadora estava entendendo direito?

O que pode estar acontecendo nessa situação?

Evidentemente, a história da professora Maria Clara é apenas um recurso que utilizamos para discutir um tema, propositadamente construído para atender a nossos objetivos. Apesar disso, a situação nos parece ser um bom estímulo para que possamos pensar sobre nossos próprios objetivos de aprendizagem e instrumentos que criamos para avaliá-los. De forma conceitual, pode parecer óbvio que um instrumento avaliativo deve ser válido para avaliar o que se deseja que os alunos sejam capazes de fazer, conforme definido nos objetivos da disciplina. Na prática, nem sempre esse alinhamento acontece.

Na situação, a professora Maria Clara considera que uma prova focada em explicações sobre premissas relativas a dados contextos é sinônimo de solicitar aos estudantes que façam uma análise. Talvez, de fato, a ação cognitiva "analisar" não esteja sendo o foco da docente, e sim, os conteúdos que ela considera importantes que eles aprendam.

Em nosso entender, a situação introdutória é sobre a avaliação considerar objetivos de aprendizagem que não se materializam no instrumento avaliativo proposto. Em princípio, entendemos que o que será avaliado deve ser alinhado ao objetivo de aprendizagem, mesmo que seja um conhecimento pressuposto, na medida em que ele faz parte da qualidade da entrega. Essa relação entre esses conceitos solicitados na prova (conhecimento pressuposto) e a capacidade analítica que será exigida no desenvolver do projeto não parece clara para a docente, ao menos nada é mencionado nesse sentido. É como se a avaliação do aprendizado fosse garantida pela prova e o projeto fosse algo paralelo.

VALIDADE

Se todas as etapas descritas nos capítulos anteriores forem cumpridas, é bastante prová-vel que possamos garantir um instrumento válido. Entretanto, dada a extensão do processo de escolha, desenvolvimento e refinamento tanto dos objetivos de aprendizagem quanto dos instrumentos de avaliação, algumas etapas podem ser negligenciadas nesse processo. Por isso, é importante explorar um pouco mais os aspectos relativos à validade dos instrumentos.

É importante, neste momento, diferenciarmos validade de confiabilidade. Uma avaliação que distribui bem o desempenho dos estudantes em diferentes níveis de proficiência, mas que na verdade está avaliando algo completamente diferente do que planejamos, pode ser uma avaliação confiável, mas não é válida.

Checar a validade de uma avaliação é um exercício qualitativo. De acordo com Silva, Santos e Mallet (2021), analisar a validade de um instrumento consiste em checar o alinhamento entre o que está sendo solicitado no enunciado e aquilo que esperamos como uma resposta desejada dos estudantes, ou seja, uma resposta totalmente correta ou com 100% de aproveitamento. Por exemplo, se no enunciado estamos solicitando que o estudante avalie uma situação proposta, mas em nosso padrão de respostas estamos esperando que eles recitem fatos recuperados na memória, não podemos considerar esse instrumento válido porque o que na verdade ele requer é a habilidade de memorização.

> **Validação quantitativa**
>
> Foge ao escopo desta obra abordamos com profundidade aspectos que exijam conhecimento estatístico do leitor, mas consideramos importante destacar que também é possível validar instrumentos com métodos quantitativos.
>
> Para complementar a análise qualitativa da validação por pares ou com recursos tecnológicos, temos a Análise Fatorial Exploratória. Seu objetivo é identificar o quão bem uma dada questão é capaz de avaliar o constructo, que em nosso contexto é o objetivo de aprendizagem. O resultado dessa análise fornece uma evidência empírica da validade do instrumento.

148 | Avaliação para Gestão da Aprendizagem no Ensino Superior

A Análise Fatorial Exploratória é normalmente aplicada a instrumentos em que o nível de validade exigido é muito alto, como exames aplicados em larga escala, como o Enem e o Enade, ou avaliações *high stakes*, em que uma decisão muito importante a respeito do estudante deve ser tomada. Isso porque essa análise necessita de algumas condições especiais:

- uma amostra razoável de estudantes para o teste;

- mais de uma questão avaliando uma mesma habilidade.

Não pode ser aplicada a questões em que as respostas são binárias, como sim ou não, verdadeiro ou falso.

Validação por pares

Uma maneira de melhorar a validade de instrumento é fazer uma revisão por pares. É um processo qualitativo e simples, em que você fornece a relação entre as questões da sua avaliação e seus objetivos de aprendizagem e o padrão de resposta ou gabarito das questões a dois pares, que podem ser professores ou colegas com conhecimento da disciplina que você leciona. Essas pessoas vão validar seu alinhamento e fazer sugestões caso haja discrepância entre o que você pretendia avaliar e o que realmente está sendo mobilizado nas questões.

Como exemplo de protocolo de validação, observe a ficha de revisão de item a seguir, adaptada do Guia de Elaboração e Revisão de Itens do Instituto Nacional de Estudos e Pesquisas Educacionais Anísio Teixeira (Inep).

Ficha de Validação de Instrumento		
Nome do Revisor:		
1ª Leitura: Aprovado ( )	Devolvido para Reformulação ( )	
1. Aspectos formais e composição dos enunciados		
1.1 O enunciado apresenta claramente o aspecto a ser avaliado?	Sim ( )	Não ( )
1.2 A ação solicitada para o estudante no enunciado materializa o objetivo de aprendizagem que se deseja avaliar?	Sim ( )	Não ( )
2. Adequação do item		
2.1 O item atende o definidor operacional indicado?	Sim ( )	Não ( )
2.2 O item é isento de erros conceituais?	Sim ( )	Não ( )
2.3 O item atende ao tópico avaliado?	Sim ( )	Não ( )
2.4 O padrão de resposta demonstra que a resolução está prevista no nível cognitivo do objetivo de aprendizagem e do enunciado?	Sim ( )	Não ( )
Observações complementares sobre o item:		

O processo de validação por pares é interessante, porque proporciona uma visão especializada e externa da avaliação. O desenvolvimento de avaliações é muitas vezes um processo solitário. Não temos o hábito de levar essas questões para discussão com colegas. Ao mesmo tempo, por estarmos imersos no processo de desenvolvimento da avaliação, muitas vezes não nos atentamos a detalhes que podem ser cruciais para o melhor desenvolvimento do processo de coleta de evidências. Ter colegas para questionar e discutir a qualidade das avaliações é um processo saudável e útil na gestão da aprendizagem.

Atualmente, com o advento das tecnologias de Inteligência Artificial (IA), é possível fazer a validação de questões utilizando *chatbots*. Esses *chats* são treinados para validar informações em diversos idiomas, bastando utilizar perguntas simples, como: "quais são as habilidades mobilizadas na questão a seguir?".

Outra opção de utilização dessa tecnologia é colocar o enunciado e pedir que a IA responda. Claro que há exceções, mas esse processo é capaz de indicar se a resposta dada é similar à expectativa do autor da questão; o que pode servir, em partes, como um "par" na validação de enunciados.

Vamos a seguir observar um exemplo de como avaliar a validade de um instrumento avaliativo.

Vamos praticar?

Considerando que você já tenha elaborado um gráfico com os dados de uma avaliação de sua autoria, reflita sobre os resultados do gráfico e responda às seguintes perguntas:

1. Você conseguiu estabelecer uma relação entre os objetivos de aprendizagem e as questões da sua avaliação?
    1.1. Em qual objetivo de aprendizagem seus estudantes tiveram maior dificuldade?

2. Você consegue observar uma relação entre os objetivos de aprendizagem, o enunciado da sua questão e o padrão de respostas esperado? Especificamente o padrão de respostas representa aquilo que está sendo solicitado no enunciado?

Entretanto, caso você ainda não tenha o gráfico com seus resultados, a seguir temos uma orientação de como é possível gerar tal visualização.

Elaboração de gráfico com resultados

Para este exercício, você vai precisar de uma avaliação alinhada aos objetivos de aprendizagem da sua disciplina que já tenha sido aplicada aos alunos e que você tenha acesso às notas por questão e por aluno da avaliação.

De posse dessa avaliação, siga os passos a seguir:

1. Separe uma avaliação de sua disciplina que já foi aplicada aos estudantes.
2. Associe seus objetivos de aprendizagem às questões da avaliação.
3. Insira os resultados dos alunos por questão em uma planilha.

150 | Avaliação para Gestão da Aprendizagem no Ensino Superior

4. Crie um gráfico de barras empilhadas, utilizando a seguinte escala de proficiência:

- 0-2,5 – Incipiente
- 2,6-5,0 – Em desenvolvimento
- 5,1-7,5 – Básico
- 7,5-10,0 – Esperado

Recomendamos que você elabore essa tabela por meio de um programa de edição de tabelas e planilhas. Caso não seja possível, você pode elaborá-la manualmente (exceto a etapa de geração do gráfico).

No total, teremos três tabelas: a primeira com as notas de cada aluno por questão; a segunda com a contagem de alunos por nível de desempenho em cada questão; e, por fim, a terceira, com a porcentagem de alunos por nível de desempenho em cada questão.

Aluno	Questão 1	Questão 2	Questão 3	Questão 4	Total avaliação
Aluno 1	0,5	0,5	0,5	0,75	2,25
Aluno 2	0,25	0,25	0,75	1	2,25
Aluno 3	0,25	1	1	1	3,25
Aluno 4	0,5	0,25	0,75	0,75	2,25
Aluno 5	0,5	0,25	0,5	0,5	1,75

Desempenho	Questão 1	Questão 2	Questão 3	Questão 4	Total avaliação
Nível 1	2	3	0	0	0
Nível 2	3	1	2	1	1
Nível 3	0	0	2	2	3
Nível 4	0	1	1	2	1
Total	5	5	5	5	5

Desempenho	Questão 1	Questão 2	Questão 3	Questão 4	Total avaliação
Nível 1	40%	60%	0%	0%	0%
Nível 2	60%	20%	40%	20%	20%
Nível 3	0%	0%	40%	40%	60%
Nível 4	0%	20%	20%	40%	20%

Elaborada a tabela contendo os percentuais, selecione-a por completo, vá até a aba "Inserir", depois no grupo "Gráficos" e então em "Inserir gráfico de colunas ou de barras"; dentro das opções que surgem, selecione em "Coluna 2D" a opção "Coluna 100% empilhada" (Figuras 10.1. e 10.2).

Figura 10.1

Figura 10.2

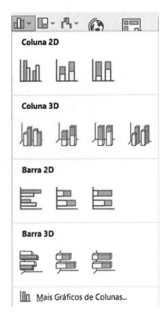

Assim que o gráfico é inserido, ele fica com as cores padrão do programa utilizado, neste caso o MS Excel (Figura 10.3).

Figura 10.3

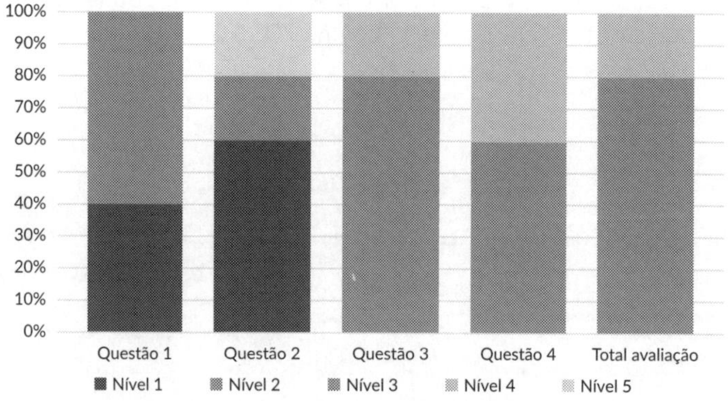

Para facilitar a identificação, sugerimos duas alterações principais: a alteração de cor dos níveis (tons gradientes ou cores distintas, como na Figura 10.4) e inclusão de rótulos de dados (ver a Figura 10.5).

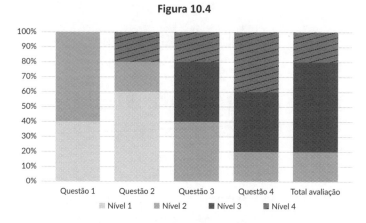

Figura 10.4

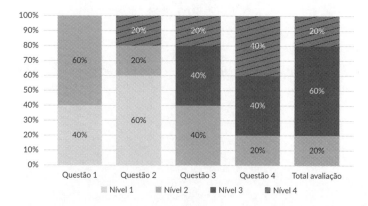

Figura 10.5

Calibragem da correção por rubricas

Quando se tem mais de uma pessoa corrigindo um mesmo instrumento ou se deseja melhorar o entendimento dos critérios da rubrica para uma correção com maior confiabilidade, utiliza-se a calibragem da correção.

Isso significa que os corretores irão corrigir uma mesma amostra de provas e depois vão discutir se realmente estão utilizando e entendendo a rubrica e seus critérios de correção da mesma maneira. Esse exercício é interessante para alinhar o entendimento dos critérios, dos níveis de proficiência e dos termos utilizados na rubrica.

Quadro 10.1 Resultado da calibragem de correção da avaliação de três estudantes por três corretores diferentes

	Corretor 1	Corretor 2	Corretor 3
Estudante 1	9,0	9,5	9,25
Estudante 2	6,0	6,0	5,5
Estudante 3	8,0	8,25	8,0

No Quadro 10.1, temos um exemplo do resultado de uma correção de uma questão por três corretores. Apesar de haver diferenças sutis entre os valores, estes são muito próximos, o que nesse caso indicaria que a calibragem está adequada.

CONFIABILIDADE DOS RESULTADOS AVALIATIVOS

O que é confiabilidade?

Confiabilidade diz respeito a quanto um instrumento de avaliação é capaz de reproduzir o mesmo desempenho dos estudantes se aplicado repetidas vezes.

Vamos imaginar uma situação hipotética: coletando resultados das avaliações, observa-se que estão muito bons, no decorrer do tempo e em diferentes turmas. Em uma visão ingênua, seria possível acreditar que está tudo bem com a aprendizagem dos alunos. Aliás, se os instrumentos foram validados, seria de se esperar que os resultados fossem consistentes. Todavia, entendemos que é muito pouco provável os alunos terem mais ou menos sempre o mesmo desempenho. Se isso ocorre e o instrumento avaliativo é válido, a possibilidade maior é que haja algum problema na confiabilidade dos resultados.

Um instrumento válido não é a única condição para resultados avaliativos confiáveis. Para que haja confiabilidade, é preciso garantir que o conhecimento de todos os estudantes esteja sendo mensurado com réguas idênticas e que esse instrumento confira discriminação ao desempenho dos estudantes.

Em outras palavras, se um mesmo instrumento for aplicado duas vezes ao mesmo grupo de alunos, ele deve ser capaz de produzir os mesmos resultados. Ou seja, dois estudantes com uma mesma dificuldade não podem ser medidos de maneiras diferentes, e os estudantes devem ser distribuídos ao longo de uma escala de proficiência da maneira mais uniforme possível.

Vamos fazer uma analogia com duas balanças. Para que os dados provenientes da mensuração das massas de objetos sejam confiáveis (no caso, frutas da Figura 10.6), ambas as balanças precisam mensurá-los da mesma maneira. Por exemplo, se em ambas as balanças forem colocadas 100 gramas de frutas, os dois visores devem mostrar a mesma massa.

O mesmo acontece com aquela velha pergunta: "o que tem mais massa, um quilograma de algodão ou um quilograma de batatas?". Se a balança em que for aferida a massa desses objetos estiver calibrada, ambos terão a mesma massa. O que não se pode dizer a respeito do volume, por exemplo. Mas esse é outro assunto.

Figura 10.6 Exemplo de balanças descalibradas. O visor das balanças deveria apresentar massas muito diferentes, no entanto são muito semelhantes para itens que visivelmente teriam massas diferentes.

Nos parágrafos anteriores, mencionamos que uma avaliação válida não necessariamente significa um instrumento que discrimina o aprendizado dos estudantes, ou seja, confiável. Podemos ter uma avaliação que representa exatamente os objetivos de aprendizagem e os conteúdos que devem ser mobilizados, mas essa avalição, independentemente de ser composta de questões de múltipla escolha ou abertas, pode não ser capaz de discriminá-los em diferentes níveis de desempenho e não ser capaz de mensurar os estudantes com uma régua calibrada.

Quadro 10.2 Esquema de alinhamento entre cada uma das questões de uma avaliação e os objetivos de aprendizagem da disciplina

Objetivo de aprendizagem	Objetivo 1	Objetivo 2	Objetivo 3	Objetivo 4	Objetivo 5
Questão(ões)	Q1	Q2	Q3	Q4	Q5

Vamos explorar uma situação hipotética (Quadro 10.2): um professor de Cálculo desenvolveu uma prova intermediária para avaliar cinco objetivos de aprendizagem diferentes, por meio de cinco questões (um para cada objetivo). Certo de que seu instrumento era válido para os objetivos pretendidos, o professor aplicou a avaliação em sua turma. Ao coletar, tabular e plotar o gráfico de barras da Figura 10.7, o professor percebeu que, apesar de o instrumento avaliar os objetivos que se pretendia, apenas as questões 3 e 5 apresentaram alguma discriminação de desempenho, com estudantes constando em pelo menos três níveis de proficiência.

Figura 10.7 Gráfico de barras gerado.

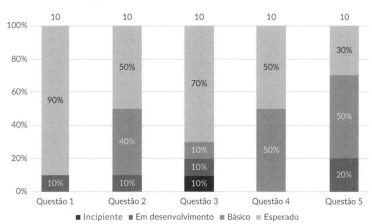

A Figura 10.7 representa a distribuição dos estudantes nos quatro níveis de proficiência definidos pelo professor. As barras empilhadas servem como referência para atestar que a soma das distribuições dos estudantes deve totalizar 100%, ou seja, todos os alunos avaliados. Diante desses resultados, o professor de Cálculo pode chegar às seguintes conclusões:

* No geral, o instrumento é capaz de discriminar os estudantes nos diferentes níveis de proficiência estabelecidos.
* As questões que melhor discriminam os estudantes aparentemente são as questões 3 e 5.

As questões 1 e 2, se reformuladas, podem apresentar um potencial de discriminação maior, principalmente nos níveis mais baixos de conhecimento, como o "Incipiente" e o "Em desenvolvimento". Portanto, a confiabilidade de um instrumento só pode ser mensurada após uma primeira aplicação, seja para os alunos que realmente serão avaliados, seja para uma amostra para teste. Essa mensuração pode acontecer de algumas maneiras a depender do tipo de questões que compõem sua avaliação. Instrumentos de múltipla escolha são conhecidos pelo alto nível de confiabilidade, já que suas respostas são objetivas. Já os instrumentos abertos contam com as rubricas para reduzir a subjetividade do processo de correção.

Na Figura 10.8, temos um gráfico que mostra baixo potencial de discriminação no desempenho dos estudantes em relação a duas questões (cada uma delas avalia um objetivo de aprendizagem).

Figura 10.8 Gráfico mostrando o potencial de discriminação de um instrumento que avalia dois objetivos de aprendizagem.

Objetivo de aprendizagem 1: Formular problema mal estruturado.

Objetivo de aprendizagem 2: Elaborar plano de ação, priorizando soluções.

Como podemos notar, a questão 1 não foi capaz de discriminar diferenças de desempenho dos estudantes. Na avaliação, todos tiveram 100% de aproveitamento. Parece-nos pouco provável que esse resultado seja confiável, uma vez que indica o mesmo nível de capacidade em todos os estudantes a partir de uma atividade avaliativa.

A questão 2 já apresenta alguma discriminação, mas, no resultado geral, a turma toda parece ter ido muito bem, de maneira bastante uniforme, o que pode indicar um problema de confiabilidade do resultado (pressupondo-se, inicialmente, que o instrumento seja válido).

E o que pode ter acontecido então?

Nesses casos, podemos ter dois pontos de atenção principais:

1. O instrumento, apesar de válido, não foi capaz de discriminar desempenho – nesse caso, pode ser que a atividade proposta seja muito fácil ou muito difícil, ou pode não estar bem formulada do ponto de vista formal, o que não permite a identificação de desempenhos diferentes entre os estudantes. Esse aspecto é notadamente sensível em provas com questões objetivas, em que há uma quantidade excessiva de alunos que erram ou acertam uma ou mais questões, com concentração de respostas em uma única alternativa (certa ou errada).
2. A correção da atividade não está sendo capaz de discriminar desempenho – no caso de instrumentos abertos, é bastante importante organizarmos uma rubrica para correção,

de modo que os critérios estejam claros e bem descritos. Com esse recurso, temos maior probabilidade de discriminação (caso o primeiro ponto de atenção esteja adequado), uma vez que a avaliação não será global, mas pautada por diferentes critérios, a partir dos quais os estudantes provavelmente não apresentarão o mesmo desempenho.

> **Discriminação de um instrumento**
>
> Capacidade de um instrumento de distribuir os estudantes de maneira satisfatória nos diferentes níveis de proficiência propostos pela rubrica ou pelo gabarito da avaliação.
>
> Um instrumento com boa discriminação é aquele que tem uma quantidade razoável de estudantes nos diferentes níveis de proficiência propostos. Uma avaliação que condensa todos os estudantes em apenas um ou dois níveis não é adequada para mensurar a aprendizagem e provavelmente precisa ser revisada.

Análise de Rasch

A literatura descreve vários tipos de testes de confiabilidade. Dada a complexidade estatística desses testes e a necessidade de *softwares* específicos para rodar um teste criterioso de confiabilidade, optamos por descrevê-los brevemente a seguir, abordando primeiro como identificar problemas de confiabilidade nos resultados das avaliações utilizando análises descritivas de gráficos já abordados nesta obra, como o gráfico de barras empilhadas com a distribuição dos estudantes em cada nível de proficiência.

Para avaliações nas quais se tomam decisões muito importantes a respeito do futuro dos estudantes, como o vestibular, por exemplo, outros testes mais criteriosos são necessários para avaliar a confiabilidade do instrumento. Falaremos brevemente desses testes a seguir.

Para avaliações compostas somente de itens de múltipla escolha e com uma resposta única, recomenda-se o alfa de Cronbach ou uma variação desse teste conhecida como Kuder-Richardson (KR-20). Esses testes calculam a proporção de estudantes selecionando uma resposta correta em relação ao desvio-padrão do total das notas.

Entretanto, visando otimizar e fornecer apenas um modelo que atenda tanto questões abertas quanto fechadas, vamos tratar do modelo de Rasch, que fornece, dentre outras, uma métrica semelhante à do alfa de Cronbach. Esse modelo matemático explica o quanto o desempenho do estudante em um objetivo de aprendizagem é capaz de predizer o desempenho em outra questão da mesma avaliação que avalia o mesmo objetivo. Portanto, uma questão só deve ser acertada por estudantes que apresentam bom domínio ou domínio avançado daquele objetivo.

O modelo Rasch é considerado um modelo completo de confiabilidade de instrumentos de avaliação porque, além dessas análises de discriminação, ele fornece métricas que permitem identificar a confiabilidade de instrumentos abertos e fechados. Para realizar essa análise, você pode encontrar na internet *softwares* proprietários ou realizá-la por meio de linguagens de programação, como R e Python.

158 | Avaliação para Gestão da Aprendizagem no Ensino Superior

> **Premissa da análise de Rasch**
>
> O instrumento deve ser capaz de confirmar a hierarquia do desempenho dos estudantes e a dificuldade dos itens.

Uma das métricas fornecidas pelo modelo Rasch é o *Person reliability*, que trata da capacidade da avaliação de discriminar estudantes com desempenho ruim dos estudantes com bom desempenho. Ele indica se os estudantes seriam alocados individualmente no mesmo nível de habilidade se o teste fosse aplicado em outra turma de alunos com as mesmas características. O princípio utilizado no cálculo é o mesmo do teste alfa de Cronbach, ou seja, é a fração da variância reproduzível das respostas observadas.

Tabela 10.1 *Tentative guidelines to interpret Rasch analysis' intrarrater reliability indexes* (33)

Index	Tentative guidelines
Person reliability	0.9 = 3 *or* 4 *levels*
	0.8 = 2 *or* 3 *levels*
	0.5 = 1 *or* 2 *levels*
Person separation	1.5 = *Acceptable*
	2.0 = *Good*
	Above 3.0 = *Excellent*
Item reliability	*Ranges from* 0 *to* 1. *The closer to* 1, *the best*
Item separation	*Above* 3 *is an acceptable level*

Fonte: adaptada de Silva, Santos e Mallet (2021).

Outra métrica fornecida é o *Item reliability*, que é a capacidade do questionário de hierarquizar itens difíceis de itens fáceis. O princípio de cálculo dessa métrica segue o mesmo definido para o *Person reliability*, substituindo-se as informações sobre os estudantes pelas informações dos itens.

O **Índice de Separação de Pessoas** é utilizado para classificar os estudantes com maior *expertise* dos que têm menor *expertise* nos objetivos avaliados. Se a amostra de estudantes tem um tamanho relevante e ainda assim obtém-se um baixo índice de separação (menor que 2 e com *Person reliability* menor que 0,8), o instrumento pode não estar sendo sensível o suficiente para distinguir os alunos com bom desempenho daqueles com mau desempenho. Nesse caso, mais questões podem ser necessárias para ajustar o índice.

O **Índice de Separação de Itens** é utilizado para verificar a hierarquia de dificuldade das questões do instrumento. Um valor baixo (menor que 3 e com *Item reliability* menor que 0,9) implica que a amostra de estudantes não é grande o suficiente para confirmar a hierarquia das questões do instrumento.

> Para que o instrumento seja capaz de confirmar a hierarquia do desempenho dos estudantes, é necessário maior número de questões avaliando determinado objetivo de aprendizagem.

> Para que o instrumento seja capaz de confirmar a hierarquia de dificuldade dos itens, é necessário maior número de estudantes respondendo ao conjunto de questões.

Na Tabela 10.2, temos um exemplo do resultado da análise de Rasch computada para um grupo de quatro avaliações. Observe que apenas as avaliações ASMT06 e ASMT04 obtiveram índices adequados de confiabilidade, de acordo com a tentativa de corte dos índices mostrada anteriormente.

Em cinza-claro estão destacados os índices a melhorar e que levaram à conclusão mostrada na coluna resultado.

Tabela 10.2 Amostra de indicadores da análise de Rasch e seus respectivos resultados

Identificação			Análise de Rasch				
Avaliação	Nº de estudantes	Nº de questões	*Person separation* (>1.5)	*Person reliability* (>.5)	*Item separation* (>3.)	*Item reliability* (0-1)	Resultado
ASMT06	26	4	1.9	0.8	3.1	0.9	Válido
ASMT05	25	4	1.2	0.6	3.6	0.9	Necessita mais questões
ASMT04	29	3	1.6	0.7	3.0	0.9	Válido
ASMT01	11	3	0.0	0.0	0.9	0.4	Necessita mais questões e mais estudantes

Fonte: adaptada de Silva, Santos e Mallet (2021).

 **Faça você mesmo**

Confiabilidade

Para realizar este exercício, sugerimos que você utilize o gráfico de barras empilhadas gerado no exercício anterior deste capítulo, na seção "Vamos praticar?".

Analise a distribuição dos seus estudantes nos diferentes níveis de proficiência propostos e responda às seguintes perguntas:

1. Em quais questões há uma pior discriminação dos estudantes de acordo com seu nível de proficiência?
2. Em quais questões há uma melhor discriminação dos estudantes?
3. Consigo identificar uma escala de aprendizagem dentre os estudantes avaliados, de maneira que eu possa intervir de maneira diferente em cada dificuldade mostrada?

Caso você tenha muitas questões com pouca discriminação e responda "não" para a pergunta 3, provavelmente seu instrumento tem algum problema de confiabilidade.

 *Checklist*

Validade

- Verifique o alinhamento entre o padrão de resposta/gabarito com o que se pede no enunciado.
- Valide o conjunto enunciado e padrão de resposta (ou gabarito) com um colega.

Confiabilidade

- Formule e valide mais itens avaliando um mesmo objetivo de aprendizagem.
- Tenha atenção com atividades avaliativas objetivas em que grande parte dos alunos opta por uma mesma alternativa (certa ou errada). Validar as questões com outros docentes pode ser um caminho para evitar esse tipo de problema.
- Avalie atividades avaliativas abertas por meio de rubricas, para maior explicitação dos critérios e dos níveis de proficiência previstos.
- Planeje um instrumento com menor número de questões; evite o sorteio de questões dentro dos objetivos de aprendizagem, pois isso diminui o número de alunos respondendo determinada questão.

O que você aprendeu neste capítulo?

Neste capítulo aprendemos como verificar a validade de um instrumento de avaliação e a diferenciar a validade da confiabilidade de um instrumento.

Aprendemos também a identificar problemas de confiabilidade em avaliações. Por fim, entramos em contato com os principais modelos de avaliação da confiabilidade dos instrumentos, como a análise de Rasch.

 Referências

AVERY, S. L.; McWHORTER, R. R.; LIRELY, R.; DOTY, H. H. Seeking empirical validity in an assurance of learning system. *Journal of Education for Business*, v. 89, n. 3, p. 156-164, 2014.

BOONE, W. J.; SCANTLEBURY, K. The role of Rasch analysis when conducting science education research utilizing multiple-choice tests. *Science Education*, v. 90, p. 253- 269, 2006.

BOONE, W. J.; YALE, M. S.; STAVER, J. R. *Rasch Analysis in the Human Sciences*. The Netherlands: Springer, 2014.

CONSIDINE, J.; BOTTI, M.; THOMAS, S. Design, format, validity and reliability of multiple choice questions for use in nursing research and education. *Collegian*, Royal College of Nursing, Australia, v. 12, n. 1, p. 19-24, 2005.

EISENHOWER FILHO. *Evidências de validade de conteúdo e confiabilidade de instrumento de avaliação da atuação do tutor na aprendizagem baseada em problemas*. São Paulo: Dialética, 2022.

MAIR, P.; HATZINGER, R.; MAIER, M. J. *Extended Rasch Modeling*: The R Package eRm. Disponível em: https://cran.r-project.org/web/packages/eRm/vignettes/eRm.pdf. Acesso em: 23 fev. 2023.

SILVA, T.; SANTOS, R.; MALLET, D. Constructing a roadmap to measure the quality of business assessments aimed at curriculum management. *Journal of Education for Business*, v. 98, n. 1, p. 34-42, 2021.

SOUSA, A.; ALEXANDRE, N.; GUIRARDELLO, E. Propriedades psicométricas na avaliação de instrumentos: avaliação da confiabilidade e da validade. *Epidemiologia e Serviços de Saúde*, Brasília, v. 26, n. 3, p. 649-659, jul./set. 2017. Disponível em: https://www.scielo.br/j/ress/a/v5hs6c54VrhmjvN7yGcYb7b/?lang=pt&format=pdf. Acesso em: 17 fev. 2023.

Capítulo **11**

INTERVENÇÃO NA APRENDIZAGEM

OBJETIVOS DE APRENDIZAGEM DO CAPÍTULO

1. Discutir a pertinência de um planejamento avaliativo.
2. Planejar processo com avaliações diagnóstica, formativa e somativa, visando à intervenção em resultados indesejados.

Ele não sabe ao certo o que fazer

Neste último terço do semestre, aconteceu algo que o professor Walter nunca tinha visto antes, pelo menos não na intensidade desse episódio. Quase metade de seus alunos na disciplina Biologia Molecular da Célula II, do curso de graduação em Biomedicina, está com nota um pouco abaixo da média no teste de progresso, que é realizado um mês antes da prova final. Como se trata de uma turma tranquila, Walter achou que eles iam tirar de letra.

São aplicadas três provas ao final de cada semestre de uma espécie de trilha com três disciplinas: Biologia Molecular, Biologia Molecular da Célula I e Biologia Molecular da Célula II. Essas provas exigem conhecimento acumulado desde a primeira disciplina da sequência, e os alunos costumam temê-las. No geral, a taxa de notas abaixo da média nessa prova não passa de 25%. Agora, Walter está vendo muitos alunos com notas abaixo da média e, para ser franco, ele não sabe dizer se tem alguém que merece passar ou não nesse grupo de estudantes.

Nesse contexto, o professor Walter considerou oportuno trocar uma ideia com um colega que dá a disciplina Biologia Molecular e Biologia Molecular da Célula I. Ele certamente conhece muito desses alunos e de repente pode dar alguma luz.

Walter foi falar com o colega para ver se ele tinha lembrança de como os alunos tinham ido, no geral. Começou comentando o que estava acontecendo, contando para ele em linhas gerais. Nem chegou a perguntar dos alunos e o colega já foi falando mal dos atuais alunos dele, dizendo que uns 40% iam reprovar. Para ele, o problema estava na postura dos estudantes. E a coordenação que não viesse choramingar depois, porque ele ia reprovar "todos os estudantes!".

Como o colega estava muito irritado, Walter acabou não conseguindo falar dos estudantes. Não sabe ao certo como agir, mas precisa tomar uma decisão sobre o que fazer para tentar reverter esse quadro.

O que pode estar acontecendo nessa situação?

O professor Walter está vivenciando uma espécie de dilema: uma quantidade bem maior de alunos apresentou um desempenho abaixo da média em uma prova aplicada na trilha de disciplinas, fenômeno que não havia ocorrido até então.

Interessante que ele não culpou de imediato os estudantes. Achou o resultado estranho, talvez porque muitos deles, que passaram pelo exame em semestres anteriores, não tiveram um desempenho ruim e não deram indícios de maiores dificuldades na disciplina.

O colega de Walter traz a possibilidade de o problema ser da postura dos estudantes, que estariam fadados à reprovação. Walter, no entanto, parece estar mais focado em não ser injusto com os alunos, mas, ao mesmo tempo, não parece ter maiores informações sobre a aprendizagem deles, o que lhe permitiria fazer análises mais detalhadas. O dilema de Walter é estranhar o resultado sem ter elementos para avaliar com mais cuidado o que está havendo para tentar intervir, de alguma forma.

A postura do colega docente é bastante comum diante de resultados avaliativos muito ruins, mesmo que aconteçam com uma quantidade expressiva de alunos: muitos docentes costumam partir da premissa de que os alunos devem ser os culpados por não estudarem de forma adequada. Mesmo essa percepção tendo o potencial de uma hipótese a ser testada, a porcentagem de alunos com nota abaixo do esperado deveria ser um ponto de atenção do docente. Afinal, talvez seja ingênuo atribuir apenas aos alunos um resultado insatisfatório de aprendizagem tão expressivo envolvendo quase metade da sala. Algo no instrumento, no desenho das aulas, entre outras possibilidades, pode ser um fator ainda mais decisivo para os resultados obtidos.

A preocupação do professor Walter parece nos alertar para algo de suma importância: será possível intervir, durante o percurso, para que possa haver uma melhora na aprendizagem?

AVALIAR PARA INTERVIR

Todo o conteúdo desta obra é focado na avaliação, mas visa exclusivamente à aprendizagem. A aprendizagem pressupõe pontos de melhora, e para haver melhora é preciso intervir. Seja na dinâmica, seja nos materiais de apoio, seja no plano de aula ou até mesmo no currículo. Por isso, durante todo o livro, nos preocupamos em, por meio da avaliação, gerar evidências válidas do processo de aprendizagem dos estudantes.

Para que essas evidências sejam traduzidas em uma informação de valor, é necessário um esforço para quantificar o aprendizado dos estudantes nas avaliações, de maneira que não só saibamos qual estudante está indo mal e qual está indo bem, mas também quais são os aspectos em que esses estudantes vão bem e em que vão mal. É importante ressaltar novamente que, para que uma avaliação seja focada na aprendizagem, não pode haver ruptura entre o que está sendo avaliado nas provas e os objetivos de aprendizagem da disciplina. Os objetivos de aprendizagem são os norteadores, o ponto de referência aonde queremos que os estudantes cheguem ao final da disciplina ou de um programa.

Além da importância da fotografia individual dos estudantes, você também deve ter observado que, no decorrer desta obra, pouco enfatizamos a preocupação com a aprovação ou reprovação dos estudantes. O papel coadjuvante dessa decisão é proposital, uma vez que, na gestão de aprendizagem, a nota é uma aproximação feita para quantificar o aprendizado, mas o mais importante são as mensagens que esse número carrega.

Quando os estudantes são distribuídos de acordo com a sua nota, nós temos apenas um sistema capaz de discriminar estudantes com resultados bons e ruins. Contudo, quando essa nota é capaz de trazer informações sobre o quanto esses estudantes aprenderam sobre determinado objetivo de aprendizagem, temos uma avaliação focada no desenvolvimento da aprendizagem dos estudantes.

Observe o histograma da Figura 11.1, em que temos a distribuição das notas da avaliação intermediária de uma disciplina hipotética.

Figura 11.1 Exemplo de um gráfico com a distribuição das notas de um instrumento de avaliação.

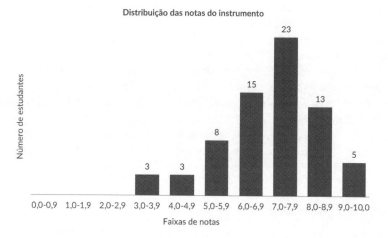

Que tipo de informação sobre os estudantes podemos tirar desse gráfico? Ele nos fornece informações como: a maioria dos estudantes tirou notas entre 6,0 e 7,9, indicando que a maior parte dos estudantes seria aprovada caso fosse a única avaliação da disciplina. E o que mais? Vamos dar uma olhada em estatísticas descritivas simples dessa avaliação na Tabela 11.1.

Tabela 11.1 Estatísticas básicas de desempenho dos estudantes, obtida por um LMS hipotético

Estatística	
Contagem	70
Valor mínimo	3,00
Valor máximo	9,50
Intervalo	6,50
Média	6,91
Mediana	7,125
Desvio-padrão	1,42075
Variância	2,01854

Com mais essas informações, conseguimos perceber que as notas da turma na prova intermediária estão distribuídas de maneira simétrica, sem concentração de estudantes nos extremos (3,00 e 9,5), o que faz com que a média (soma aritmética das notas dividida pelo total dos estudantes) seja muito parecida com a mediana (valor central que está entre as duas metades dos estudantes).

E o que mais? É possível saber se há problemas de aprendizagem com os estudantes que realizaram essa avaliação? Qual é a dificuldade dos estudantes que tiraram uma nota menor que 5,0? E aqueles que tiraram 6,0? É muito possível que, dentro de uma mesma faixa de notas, os estudantes apresentem dificuldades diferentes, mas esses dados não são capazes de nos fornecer essa informação.

Um ponto importante a respeito do sistema de notas é que, se não temos informações sobre o aprendizado, não é possível intervir para que as dificuldades sejam remediadas. Quando se trata de uma avaliação intermediária, pode ser muito oportuno que o professor tenha essas informações e consiga intervir o quanto antes no processo de aprendizagem.

Para a aprendizagem, um aluno que tirou 4,5 e foi reprovado e outro que tirou 5,0 e foi aprovado podem ou não apresentar os mesmos *gaps* de aprendizagem ou problemas com mesmo grau de importância. O trabalho da gestão da aprendizagem é justamente tirar sentido desses números e identificar onde está a dificuldade.

Observe na Figura 11.2 o gráfico de desempenho de estudantes de graduação em um TCC. A partir da proporção dos estudantes alocados em cada nível de proficiência, para cada aspecto do projeto, é possível identificar que, independentemente da nota que foi atribuída a esses estudantes, nessa turma os alunos têm bastante dificuldade em descrever as limitações do estudo, seguido por analisar os resultados e traçar conclusões a respeito do trabalho. Portanto, o professor consegue estabelecer um plano de ação que contemple esses aspectos identificados como críticos.

Figura 11.2 Distribuição do desempenho dos estudantes no TCC de acordo com os níveis de proficiência.

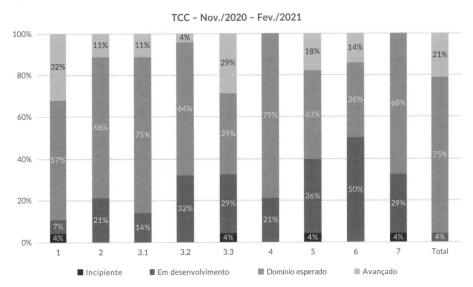

1. Questão da pesquisa; 2. Questão da literatura; 3.1. Metodologia; 3.2. Fundamentação teórica; 3.3. Metodologia empírica; 4. Suposições e resultados esperados; 5. Análise dos resultados e conclusões; 6. Limitações; 7. Qualidade da apresentação escrita; **Total**.

Apesar de este tema estar, de certa forma, fechando o tópico central deste livro, que é a avaliação, ele deixa uma porta aberta para uma infinidade de possibilidades de uso das evidências coletadas dos estudantes. Portanto, o momento e o ponto em que o professor desejará intervir dependem das características da disciplina, do programa e da abrangência e alinhamento dos objetivos de aprendizagem.

Por exemplo, os resultados de uma avaliação diagnóstica e formativa são utilizados para refletir sobre as mudanças que vão ocorrer na própria disciplina. Isso significa que os próprios estudantes avaliados irão se beneficiar das intervenções realizadas. Por isso, nesse caso, as mudanças plausíveis dizem respeito ao plano de aula.

168 | Avaliação para Gestão da Aprendizagem no Ensino Superior

Outro exemplo: se observado que os estudantes estão com dificuldades em determinado conteúdo, o professor deve ajustar o planejamento para que os objetivos de aprendizagem relacionados a esse tópico sejam abordados, caso não estejam contemplados no plano atual. Caso o plano de aula já contemple esses objetivos, talvez seja interessante então repensar as dinâmicas de aula que envolvem esse conteúdo para melhorar a aprendizagem.

Vamos pensar em uma situação hipotética: um professor de Bioquímica desenhou atividades que visavam aumentar a autonomia dos estudantes para realizar experimentos nas aulas de laboratório. Diante dos resultados de avaliação formativa dos estudantes, ele chegou à conclusão de que os estudantes começam o curso com mau desempenho e, à medida que mais autonomia é conferida a eles, o desempenho nos experimentos começa a melhorar. Ao cruzar essas informações com artigos relacionados à autonomia dos estudantes em atividades de laboratório, ele percebeu que quanto mais um estudante é estimulado a mobilizar essa competência, mais ele se desempenha melhor nas suas atividades.

Com isso, o professor mudou a dinâmica dos primeiros experimentos, visando tirar um pouco de orientação dos protocolos, para que os estudantes pudessem ter maior autonomia desde o primeiro dia de aula.

No caso da avaliação somativa, como são aplicadas ao final de uma disciplina ou um programa, as intervenções devem ser pensadas para a próxima disciplina ou programa. Isso significa que os estudantes que realizaram a avaliação não se beneficiarão das intervenções na disciplina, exceto aqueles que vão fazê-la em uma segunda oportunidade, mas, em novas ocorrências, há chances de um aprendizado melhor. Assim, a intervenção com base na avaliação somativa é muito importante para redesenhar disciplinas inteiras e o currículo de programas. Nesse caso, as intervenções geralmente envolvem mais de um professor e até mesmo coordenadores de programas.

Observe a Tabela 11.2.

Tabela 11.2 Resultados de duas avaliações hipotéticas aplicadas a sete estudantes

	Avaliação 1	Avaliação 2
Estudante 1	10,0	9,5
Estudante 2	4,5	8,0
Estudante 3	7,0	5,5
Estudante 4	8,0	8,0
Estudante 5	7,0	7,5
Estudante 6	6,75	6,0
Estudante 7	8,5	7,0

Os resultados mais comuns que temos das avaliações realizadas pelos estudantes são tabelas como a Tabela 11.2. Por meio desses dados, é possível elaborar um histograma como o visto no início deste capítulo (Figura 11.1), entretanto, apenas com esse nível de detalhamento das notas não temos como extrair informações para intervir.

Na Figura 11.3, temos a sequência de etapas até chegarmos à **Intervenção**, considerando as boas práticas vistas até o momento.

Figura 11.3 Ciclo de planejamento, desenvolvimento, validação e intervenção na aprendizagem visto nesta obra.

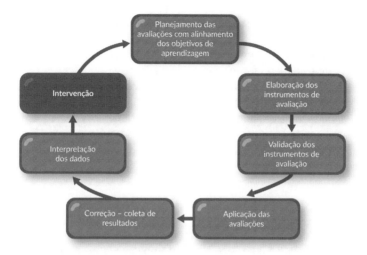

POSSIBILIDADES DE ATUAÇÃO

Na Figura 11.4, podemos visualizar as possibilidades de intervenção a partir do tipo de avaliação que está em foco na disciplina ou no curso em questão.

Figura 11.4 Esquema mostrando diferentes tipos de intervenção de acordo com o tipo de avaliação.

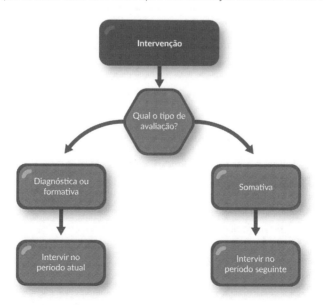

Intervir no período atual pode significar, entre outras possibilidades, mudar algo na dinâmica da aula, para tentar fazer com que os estudantes tenham outra possibilidade de aprender a fazer algo que não está consolidado para muitos deles.

Pode ser também, por exemplo, fazer uma correção de atividade com foco em extrair dos estudantes o racional que utilizaram para chegar a determinadas respostas e, a partir desse entendimento de em que momento esse racional acaba ficando inadequado, fazê-los compreender o que houve e como o desenvolvimento da resposta poderia seguir de forma adequada.

Nesses dois exemplos, a intervenção está ocorrendo durante o processo de aprendizagem, a partir da coleta de evidências fornecidas pelas avaliações.

Também é possível atuar na disciplina para que, quando ela for ministrada novamente, o percurso proposto possa considerar novos caminhos para os alunos aprenderem a fazer o que se espera, na medida em que, da forma como as dinâmicas de aula estão ocorrendo, a aprendizagem não está se mostrando efetiva para muitos estudantes. Essa é uma possibilidade especialmente relevante se há resultados indesejados de aprendizagem de forma sistemática, com diferentes turmas e semestres letivos.

Vamos praticar?

Um professor de Matemática do ensino médio desenvolveu uma avaliação para ser aplicada na metade do período de duração da sua disciplina. Essa avaliação possui as seguintes características:

- É composta apenas de questões abertas.
- Cada questão avalia um objetivo de aprendizagem praticado até o momento da aplicação.
- Será corrigida com a ajuda de uma rubrica, em que cada critério avaliado será diretamente relacionado a uma questão e seu respectivo objetivo.

Considerando também que o professor validou seu instrumento com um par, avalie o melhor momento para que ele realize uma intervenção com base nos resultados da sua avaliação.

Faça você mesmo

Em sua próxima disciplina, experimente alinhar, um a um, os objetivos de aprendizagem das suas aulas com as questões de suas avaliações.

Antes da aplicação, avalie o melhor momento para intervir com base em seus resultados.

Após a aplicação, discuta com pares que tipo de intervenção poderia ser interessante visando a uma melhora nos dados que não foram satisfatórios.

Observação: pode ser que nessas discussões você chegue à conclusão de que alguns instrumentos precisam ser revistos ou aprimorados. Não se preocupe. Faz parte do processo de melhoria contínua da avaliação.

Diante de resultados de aprendizagem muito ruins, é comum que busquemos o caminho de atribuir o mau desempenho aos estudantes. Entretanto, diferentes tipos de avaliação foram mostrados neste capítulo para que você esteja munido de evidências concretas de aprendizagem em diferentes estágios da sua disciplina ou programa e seja capaz de refletir sobre diferentes intervenções no aprendizado.

Pode ser que, ao final dessas intervenções, você chegue à conclusão de que realmente possa haver um problema de engajamento dos estudantes, mas essa deve ser uma decisão consciente e pautada em dados confiáveis de aprendizagem, e não em uma percepção subjetiva.

 Checklist

- Verifique se sua disciplina apresenta tipos suficientes de instrumentos de avaliação: diagnóstico, formativo e somativo, para suprir suas necessidades de evidências de aprendizagem.
- De acordo com o tipo de instrumento utilizado para coletar resultados de aprendizagem, discuta com seus colegas de disciplina o melhor momento para refletir sobre os problemas encontrados.

 O que você aprendeu neste capítulo?

Neste capítulo, aprendemos a avaliar como os resultados de aprendizagem podem ser utilizados para fomentar discussões no âmbito da disciplina, dentro do seu planejamento, dinâmica e avaliação. Também aprendemos a relevância desses resultados para uma intervenção maior no contexto de um programa como um todo.

 Referências

BLACK, P.; HARRISON, C.; LEE, C.; MARSHALL, B.; WILLIAM, D. *Trabalhando por dentro da caixa preta*: avaliação para a aprendizagem na sala de aula. São Paulo: Cadernos CENPEC, 2018. Disponível em: https://cadernos.cenpec.org.br/cadernos/index.php/cadernos/article/view/445. Acesso em: 22 fev. 2023.

HATTIE, J. *Aprendizagem visível para professores*: como maximizar o impacto da aprendizagem. Porto Alegre: Penso, 2017.

JOHNSON, L. Closing The loop: using assessment results to modify the curriculum so that student quantitative reasoning skills are enhanced. *American Journal of Business Education*, v. 5, n. 4, p. 465-469, 2012.

SILVA, T.; GALEMBECK, E. Developing and supporting students' autonomy to plan, perform, and interpret inquiry-based biochemistry experiments. *Journal of Chemical Education*, v. 94, n. 1, p. 52-60, 2017.

Capítulo **12**

MATRIZ DE AVALIAÇÃO

OBJETIVOS DE APRENDIZAGEM DO CAPÍTULO

1. Organizar a matriz de avaliação com base nos objetivos de aprendizagem de disciplina.
2. Avaliar a distribuição e a relevância dos objetivos de aprendizagem de disciplina.

Será que está minimamente adequado?

A universidade em que a professora Pamela leciona está se tornando uma referência nos cursos na área de Saúde, e ela tem estado muito feliz com esse movimento. É muito legal ver que há um movimento institucional com foco na qualidade, para melhoria contínua. Os docentes têm recebido várias ações formativas e sido exigidos nessa direção. Como Pamela não tem muita experiência docente, considera muito bom ter essas formações. Ela percebe que alguns colegas têm mais dificuldade, por terem crenças arraigadas e experiências acumuladas, o que tem tornado as mudanças mais sofridas, mas ela considera que faz parte do processo.

No curso de Enfermagem no qual ela leciona, eles estão discutindo as avaliações da aprendizagem. Já fizeram uma grande revisão das competências e habilidades previstas para os egressos, à luz da DCN, e foram revisados os objetivos de aprendizagem das disciplinas. Agora chegou o momento da avaliação.

No primeiro encontro formativo, depois de algumas atividades de discussão sobre o que é avaliar com foco na aprendizagem, Pamela e seus colegas receberam uma tarefa. Cada docente deveria partir dos objetivos de aprendizagem da disciplina que ministra no curso (ou mais de uma delas, quando for o caso) e relacioná-los com as atividades avaliativas ministradas no semestre anterior.

Foi proposto um *template* para preenchimento, e Pamela teve muita dificuldade em relacionar suas atividades com os objetivos de aprendizagem da disciplina. Ela tem exata noção dos conteúdos exigidos em cada avaliação proposta, mas não tem segurança para relacionar com os objetivos. Ela preencheu a tabela, mas, quando olha para o resultado, fica muito em dúvida se as relações propostas fazem sentido e se está fazendo a distribuição das avaliações de forma correta.

Eles vão discutir no próximo encontro, e ela não faz ideia do que vai vir dessa análise... Será que sua proposta está adequada, minimamente?

Objetivos de aprendizagem	Aula 1	Aula 2	Aula 3	Aula 4	Aula 5	Aula 6	Aula 7	Aula 8	Aula 9	Aula 10
Compreender a política de saúde no contexto das políticas sociais					Prova intermediária					Prova final
Conceituar aspectos importantes sobre as políticas de saúde no Brasil					Prova intermediária					Prova final
Atuar nos programas de assistência integral à saúde										
Identificar as necessidades individuais e coletivas de saúde da população							Trabalho em grupo			
Compreender os princípios fundamentais do Sistema Único de Saúde (SUS)										
Compreender a importância da história e das políticas de saúde em relação à consolidação do SUS										Prova final
Compreender a estrutura do Sistema Único de Saúde na cidade de São Paulo										

O que pode estar acontecendo nessa situação?

A situação vivida pela professora Pamela não é tão comum em nosso contexto educacional universitário. Ainda são poucas as instituições que desenvolvem ações continuadas de discussão do currículo e formação continuada com foco na aprendizagem efetiva dos estudantes, considerando objetivos de aprendizagem.

Apesar de ser potencialmente incomum, a situação traz um ponto de reflexão bastante importante, explicitado pela docente: ela é capaz de dizer com tranquilidade o que está sendo avaliado em termos de conteúdos programáticos, mas não está acostumada a pensar e explicar os objetivos de aprendizagem mobilizados pelos estudantes na realização de atividades avaliativas.

Isso implica dizer que a docente não pensa nisso de forma explícita e sistemática, e aí temos um precioso ponto de atenção: como o docente relaciona (ou não) os objetivos de aprendizagem com o que é exigido nas avaliações? Se não há essa intencionalidade, qual a função da avaliação? Como ela acaba sendo planejada? Qual seu foco?

O *template* organizado pela professora Pamela nos explicita aspectos interessantes: há objetivos mais exigidos, em diferentes momentos da disciplina; há outros que só são mobilizados ao final e há um que simplesmente não foi avaliado.

Essas constatações podem nos levar a algumas reflexões:

- Por que alguns objetivos são mais avaliados? Eles são mais importantes? Por quê? Essa opção foi de fato consciente? Qual a razão dessa escolha?

- Se temos um objetivo de aprendizagem que não é avaliado, será que ele é realmente necessário? Qual a importância em ter um objetivo que parece não ter sido desenvolvido pelos estudantes?

- Ao colocar objetivos apenas na avaliação final, como garantir alguma intervenção, caso os resultados não sejam bons?

Essas são reflexões que deveriam ser consideradas no planejamento das avaliações organizadas pela docente.

O que a professora Pamela tentou organizar é o que chamamos de uma matriz de avaliação. Esse é um recurso de planejamento que pretende organizar quais objetivos serão avaliados e em quais momentos da disciplina, para que o docente possa refletir sobre quando ele terá evidências de aprendizagem para que tome decisões sobre o que precisa ou não de sua intervenção para que a aprendizagem dos estudantes possa ser maximizada.

Também é possível, nesse planejamento, distribuir os conteúdos programáticos que serão mobilizados pelos objetivos de aprendizagem propostos.

MATRIZ DE REFERÊNCIA E MATRIZ DE AVALIAÇÃO

Diferenciação

Não devemos confundir matriz de avaliação com matriz de referência. Essas duas expressões apresentam relações, mas precisam ser vistas em suas especificações.

Segundo o Inep (2020):

> [...] o termo **Matriz de Referência** ou Quadro Conceitual (em inglês *Framework*) é utilizado especificamente no contexto das avaliações em larga escala para definir o construto e os fundamentos teóricos de cada teste ou questionário que compõe a avaliação, indicar as habilidades ou traços latentes a serem medidos e orientar a elaboração de itens. Além disso, também orienta a construção de escalas de proficiência, que especificam os níveis em que os estudantes se encontram e quais habilidades provavelmente são capazes de realizar no contexto da avaliação.

Uma **matriz de avaliação**, por sua vez, pode ser compreendida como um recurso mais simples, a ser usado para planejar e executar qualquer processo avaliativo dentro de uma unidade curricular, como uma disciplina. Não tem, necessariamente, ligação com avaliações em larga escala, mas se constitui como uma distribuição temporal de como e quando objetivos de aprendizagem determinados serão avaliados, com possível associação clara com conteúdos a serem mobilizados.

Matriz de avaliação

Dado que esta obra tem como foco central a avaliação da aprendizagem, daremos uma atenção especial à matriz de avaliação, o instrumento que confere a garantia de alinhamento entre as avaliações das disciplinas, o currículo e a ponderação da utilização de objetivos de aprendizagem. Ao longo de toda esta obra, expressamos o fato de que não se deve perder de vista esse fio que liga os objetivos de uma avaliação, passando pelo objetivo da disciplina e chegando no objetivo do programa. Quando se planeja um programa, os objetivos devem ser utilizados nas disciplinas e nas avaliações. Não faz sentido criarmos objetivos de aprendizagem para que sejam subutilizados nesse percurso. Ao mesmo tempo, a avaliação da aprendizagem perde sua funcionalidade se não houver esse alinhamento claro.

A matriz de avaliação é também importante para termos consciência da complexidade do que estamos avaliando. Nesse sentido, os objetivos devem refletir a complexidade das disciplinas por meio das habilidades descritas. Por exemplo, em uma disciplina de primeiro semestre da graduação, é aceitável que os objetivos de aprendizagem sejam cognitivamente mais simples. Não apenas pelo caráter introdutório que geralmente essas disciplinas assumem, mas também pelo perfil dos estudantes que ingressam nas disciplinas: geralmente acabaram de sair do ensino médio ou de cursinhos pré-vestibulares, um ambiente com formato de ensino muito diferente do que oferece o ensino superior.

A construção da matriz de avaliação é um exercício interessante porque permite mapear a utilização dos objetivos de aprendizagem e refletir sobre a sua relevância e sobre a complexidade que conferem à sua disciplina. Observe os dois gráficos da Figura 12.1, que mostram a distribuição da utilização dos objetivos de aprendizagem em duas disciplinas hipotéticas. A contagem representa o número de vezes que o objetivo que representa a barra foi utilizado em uma questão de avaliação individual na disciplina.

Figura 12.1 Contagem da utilização dos objetivos de aprendizagem em duas disciplinas hipotéticas.

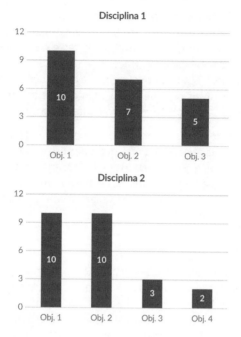

Na disciplina 1, os objetivos 1 e 2 estão relativamente bem distribuídos nas avaliações da disciplina, pois foram utilizados dez e sete vezes, respectivamente. Sobre o objetivo 3, podemos entender que, ou ele não é um objetivo muito relevante na disciplina, ou ele está sendo subutilizado nas avaliações. Sobre este último, deve-se tomar uma decisão: ou retirá-lo do planejamento da disciplina ou avaliá-lo mais vezes.

Já na disciplina 2, os dois primeiros objetivos estão balanceados nas avaliações, mas os objetivos 3 e 4 foram pouco utilizados, contabilizando três e duas utilizações, respectivamente. Nesse caso, o professor responsável pela disciplina deveria repensar a utilização desses objetivos na disciplina, avaliando a necessidade de mantê-los ou de adicionar mais questões avaliando esses objetivos.

Como vimos nos gráficos, o levantamento da utilização dos objetivos de aprendizagem é o primeiro passo para criar uma consciência da utilização desses objetivos e a relevância dada a cada um deles na disciplina. Uma visualização mais detalhada sobre como esses objetivos estão dispersos na disciplina e como estão sendo avaliados pode ser conseguida por meio da matriz de avaliação. Observe no Quadro 12.1 uma matriz de avaliação hipotética.

Diante de uma matriz como essa, percebemos imediatamente o nível de detalhamento que ela oferece. Para além da contagem de utilização dos objetivos, conseguimos, em apenas uma imagem, observar como estão distribuídos aula a aula.

Além disso, observe como a matriz nos permite refletir a respeito da dinâmica de utilização dos objetivos de aprendizagem. O professor ordenou os objetivos de aprendizagem do mais simples para o mais complexo na matriz. Então, ele começa abordando o nível cognitivo intermediário nas primeiras aulas ("Analisar os aspectos da gestão associados aos ambientes externo e interno") e então parte para os objetivos mais complexos da aula 6 em diante.

Quadro 12.1 Exemplo de matriz de avaliação de uma disciplina hipotética

Objetivos de aprendizagem	Aula 2	Aula 3	Aula 4	Aula 5	Aula 6	Aula 7	Aula 8	Aula 9	Aula 10
Analisar os aspectos da gestão associados aos ambientes externo e interno	**Apresentação e discussão** de modelos	**Exercícios e debates** sobre sistemas complexos instáveis no macroambiente **Apresentação do relatório** de recomendação estratégica	**Exercícios e debates** sobre sistemas complexos instáveis no ambiente da indústria	**Exercícios e debates** sobre "dilemas da inovação aos olhos das organizações"					
Formular estratégias com o objetivo de criar valor à sua organização					**Exercícios e debates** sobre estratégias em um mundo complexo		**Garantir a entrega** do Relatório de Recomendação Estratégica **Conhecer o Simulador** Estratégico	**Operação do Simulador** Estratégico monitorado pelo professor	
Implantar as estratégias com foco nos resultados						**Apresentação e discussões** sobre os conceitos do Modelo de Negócios Canvas			**Avaliação final** feita no simulador estratégico de Harvard

Além disso, ao abordar os dois objetivos mais complexos da disciplina, exemplificados pelas duas últimas linhas da tabela, ele intercala as dinâmicas e as aulas entre esses dois objetivos mostrando que estão interconectados e que são muito relevantes um ao outro.

Agora, para praticar, vamos fazer um levantamento dos objetivos de aprendizagem da sua disciplina e sua utilização nas avaliações no decorrer do curso.

Vamos praticar? (1)

Utilizando todas as suas avaliações de um mesmo período, reflita sobre as seguintes questões:

Adequação

1. As avaliações contemplam os objetivos de aprendizagem previstos por você?
2. Todos os objetivos previstos por você estão sendo utilizados em cada avaliação da sua disciplina?
3. A utilização dos objetivos nas avaliações apresenta uma distribuição relativamente uniforme entre eles?

Agora, vamos fazer um exercício de reflexão sobre uma matriz de aprendizagem.

Vamos praticar? (2)

Utilizando a matriz contida no Quadro 12.1, reflita sobre a distribuição da utilização dos objetivos de aprendizagem nas avaliações da disciplina e a relevância desses objetivos pensada pelo professor e responda às perguntas.

Adequação

1. Essa matriz contempla os objetivos de aprendizagem previstos pelo professor?
2. A utilização dos objetivos apresenta uma distribuição relativamente uniforme entre eles?

Relevância

3. A distribuição da utilização dos objetivos de aprendizagem está alinhada com a ordem de relevância apontada pelo professor?

Alinhamento dos objetivos da disciplina

4. Observe a relação entre os objetivos da disciplina e os objetivos do programa. Há um alinhamento entre esses objetivos?

Agora, vamos preencher uma matriz em branco (Figura 12.2) com o levantamento feito nos passos anteriores.

Figura 12.2 Matriz em branco para preenchimento.

Objetivos de aprendizagem	Aula 1	Aula 2	Aula 3	Aula 4
Objetivo de aprendizagem 1 [Insira seu objetivo]				
Objetivo de aprendizagem 2 [Insira seu objetivo]				
Objetivo de aprendizagem 3 [Insira seu objetivo]				

 Faça você mesmo

Utilizando a matriz em branco fornecida como material suplementar no boxe anterior, nas suas respectivas tabelas, detalhe os conhecimentos e os níveis cognitivos com base nos objetivos da sua disciplina.

Então, escolha uma avaliação individual e robusta da sua disciplina e a relacione com a matriz.

Agora, responda às seguintes questões:

Adequação

1. Essa avaliação contempla os objetivos de aprendizagem previstos por você?
2. A utilização dos objetivos na avaliação apresenta uma distribuição relativamente uniforme entre eles?

Relevância

3. A distribuição da utilização dos objetivos de aprendizagem está alinhada com a ordem de relevância apontada por você na matriz?

Checklist

- Verifique se os objetivos de aprendizagem são relevantes para a disciplina.
- Verifique se todos os objetivos estão sendo contemplados nas avaliações da disciplina.
- Verifique se há objetivos sendo subutilizados e, se sim, esses devem ser retirados do plano de aula.
- Verifique se o tipo de avaliação contempla o nível cognitivo pretendido.

 ## O que você aprendeu neste capítulo?

Neste capítulo, aprendemos o que é uma matriz de avaliação e sua importância para manter o alinhamento entre os objetivos de aprendizagem desde o currículo até as avaliações.

 ## Referências

BINGHAM, J. W.; QUINN, D. C.; RICHARDSON, M. G.; MILES, P. V.; GABBE, S. G. Using a healthcare matrix to assess patient care in terms of aims for improvement and core competencies. *The Joint Commission Journal on Quality and Patient Safety*, v. 31, n. 2, p. 98-105, 2005.

CALDWELL, B.; ROHLMAN, C.; BENORE-PARSONS, M. A curriculum skills matrix for development and assessment of undergraduate biochemistry and molecular biology laboratory programs. *Biochemistry and Molecular Biology Education*, v. 32, n. 1, p. 11-16, 2004.

INSTITUTO NACIONAL DE ESTUDOS E PESQUISAS EDUCACIONAIS ANÍSIO TEIXEIRA (INEP). *Matrizes de referência*. 2020. Disponível em: https://www.gov.br/inep/pt-br/areas-de-atuacao/avaliacao-e-exames-educacionais/pisa/matrizes-de-referencia. Acesso em: 14 fev. 2022.

Capítulo **13**

ENSINO REMOTO, PRESENCIAL E HÍBRIDO E AVALIAÇÃO DA APRENDIZAGEM

OBJETIVOS DE APRENDIZAGEM DO CAPÍTULO

1. Analisar atividades avaliativas à luz de inteligências artificiais.
2. Avaliar a viabilidade de suas avaliações em um contexto de ensino remoto, presencial e híbrido.

O que fica de tudo isso?

Fazer atividades no computador é algo básico em Ciência da Computação. Nesse sentido, a professora Andrea sempre estranhou quando colegas de outros cursos proibiam o uso de tecnologias em sala, como *smartphones* e *notebooks*. No entanto, apesar de ser parte da aprendizagem os estudantes terem as tecnologias nas mãos, a maior parte de sua experiência docente foi presencial. Ela e os estudantes no computador, com idas e vindas na lousa quando necessário, conversas e interações que ficavam muito mais ricas no contato olho no olho.

Quando foi necessário dar aulas remotas, ela achou superesquisito. Mesmo tendo as tecnologias o tempo todo em seu dia a dia, como parte fundamental da área, foi bem complicado para ela dar aulas assim. Se sentia insegura, sem saber o que fazer, como interagir, enfim, não funcionava dar aulas como no presencial.

E foram surgindo muito mais dúvidas no processo avaliativo. Por mais que muitas atividades fossem feitas direto nas máquinas, os alunos estavam sempre ali, na sua frente. Parece que Andrea os controlava, de alguma forma.

A volta ao presencial lhe trouxe alívio. Contudo, no fundo, ficam alguns questionamentos: o que, do modelo que temos vivido em educação, de fato continua fazendo sentido? Será que sua sensação de controle nas avaliações não era (e continua sendo) uma fantasia? E muitos outros para os quais ela também não tem respostas...

O que pode estar acontecendo nessa situação?

O contexto pandêmico trouxe a novidade do ensino remoto a muitas realidades escolares. Mais que o distanciamento dos estudantes, esse cenário levantou muitos questionamentos com relação à avaliação da aprendizagem a distância.

Apesar de legítimas, as dúvidas da professora Andrea não representam o pensamento de muitos professores, que costumam se concentrar em aspectos atrelados à avaliação de níveis cognitivos simples, como a memorização de fatos e conceitos e a consulta dessas informações em livros, internet e colegas para realizar as avaliações.

Com o pós-pandemia e o advento da inteligência artificial, a reflexão sobre avaliações de aprendizagem autênticas se tornou ainda mais necessária. Será que uma avaliação focada na memorização é pertinente no mundo atual? Um egresso cheio de informações relevantes armazenadas representa o profissional que queremos inserir no mercado de trabalho? Nesse sentido, quais são as habilidades que realmente precisam ser ensinadas e avaliadas para preparar os estudantes para atuação em problemas reais? Como seriam os modelos de avaliação adequados a essa nova realidade?

Momentos que exigem mudanças substantivas nos modelos tradicionais de aula costumam gerar ansiedade e desconforto. Mesmo com professores com escopo similar ao da professora Andrea, que tem na mediação com as tecnologias um pressuposto de atuação, um momento disruptivo pode causar questionamentos das mais variadas naturezas.

Em um momento pandêmico, escolas e universidades, antes confortáveis com o ensino presencial, foram obrigadas a migrar para o modelo totalmente remoto. Isso significa que as dinâmicas e as avaliações que eram aplicadas presencialmente tiveram que se adequar e se alinhar com a mediação realizada pelo computador. Diante desse cenário, é importante revisitar seus instrumentos de avaliação para verificar se estão adequados a esse contexto. Questionamento, aliás, presente na situação vivida pela professora Andrea.

Como ela mesma se questiona, em que medida as avaliações presenciais são mais seguras? Seguras em que sentido? São de fato melhores? Trazem resultados melhores?

O contexto atual tem exigido muita reflexão e talvez estejamos vivendo um momento muito disruptivo, com alto potencial de mudar a escola e os processos avaliativos de forma profunda.

MODALIDADES DE ENSINO

Antes de aprofundarmos as discussões sobre possíveis mudanças no processo avaliativo atual, vamos comentar os principais modelos de ensino difundidos atualmente (Figura 13.1).

Figura 13.1 Principais características do ensino presencial e do ensino remoto.

Um deles, que chamamos de **ensino tradicional**, diz respeito à modalidade de ensino predominantemente **presencial**, com todos os estudantes participando ao mesmo tempo no local e horário determinado pela instituição.

O **ensino híbrido**, modalidade muito mais nova, vem do termo *blended learning*, que surgiu em meados dos anos 2000, quando escolas norte-americanas decidiram misturar a experiência presencial dos estudantes com uma experiência *on-line* e remota. Apesar das divergências no mercado educacional, um ensino híbrido significa que, no momento em que está estudando *on-line*, o estudante tem algum controle sobre seu ritmo de aprendizagem, fazendo a gestão do lugar, do tempo ou do caminho de aprendizagem. Esses momentos são diferentes dos presenciais, em que o controle do processo de aprendizagem está centrado naquele lugar (sala de aula), no dia e horário da aula, na sequência proposta pelo docente. No modelo híbrido, os dois momentos são organizados para o processo de aprendizagem dos estudantes.

Já o ensino a distância acontece totalmente no modelo remoto. Nessa modalidade, o aprendizado e o contato com o professor e os colegas podem acontecer em tempo real, chamado de modelo *on-line* síncrono, ou separados no tempo, por *e-mails*, videoaulas e fóruns de discussão, chamado de modelo assíncrono.

186 | Avaliação para Gestão da Aprendizagem no Ensino Superior

Dando foco no processo avaliativo, independentemente da modalidade utilizada, é importante detalhar para os estudantes como será, do ponto de vista técnico, o processo avaliativo de sua disciplina: qual é o passo a passo do que devem fazer no ambiente virtual? Há limitações de tempo e tentativas? É importante salientar todos os detalhes.

Além dos desafios de transformar uma aula que antes era presencial em *on-line*, muitos questionamentos relacionados à avaliação são levantados, como:

* Como evitar a cola dos estudantes em avaliações importantes *on-line*?

* Como aplicar um instrumento com consulta no modelo *on-line*, sem que os estudantes copiem as informações dos colegas?

* Como aplicar um instrumento com consulta no modelo *on-line*, sem que os estudantes copiem as informações de ferramentas de inteligência artificial?

Observe como esses questionamentos, na verdade, estão preocupados com a manutenção de um formato de avaliação tradicionalmente difundido, mas que não necessariamente está adequado a alguns perfis de disciplinas, turmas e objetivos de aprendizagem. Com isso, houve um movimento em grandes instituições de ensino superior, como MIT, UC Berkley, Harvard e Indiana University, em direção a avaliações autênticas de aprendizagem. Ou seja, repensar os modelos tradicionais de avaliação de acordo com as necessidades de cada disciplina (formato, níveis cognitivos demandados etc.).

Avaliações autênticas

As avaliações autênticas exigem que os alunos apliquem o que estão aprendendo em situações novas ou complexas. Como essa abordagem geralmente inclui a resolução criativa de problemas, há menos preocupação com trapaças, e os alunos podem usar anotações ou textos.

Isso significa que universidades de prestígio começaram a solicitar a seus professores que fizessem um esforço para viabilizar outros tipos de avaliação, quebrando a barreira de que só se avalia o aprendizado com questões discursivas e sem consulta. Diante desse cenário, os docentes foram convidados a refletir sobre os objetivos de aprendizagem das suas disciplinas e a desenhar avaliações preocupados com a aderência aos objetivos de aprendizagem.

A pandemia proporcionou uma oportunidade de se repensar nossos modelos de avaliação independentemente do formato utilizado de aula. Será que mesmo presencialmente uma avaliação sem consulta é necessária para avaliar meus objetivos de aprendizagem?

Dentro dessa discussão das avaliações autênticas, podemos destacar alguns pontos muito importantes tanto para modelo remoto quanto para o presencial, que se aplicam também tanto a questões de múltipla escolha quanto a questões abertas:

* Concentre-se no que você deseja avaliar.

* Conecte os alunos com os recursos de que precisam.

* Crie muitas oportunidades de diálogo (*feedback*).

Capítulo 13 • Ensino Remoto, Presencial e Híbrido e Avaliação da Aprendizagem | 187

- Priorize avaliações/*feedback* frequentes e de baixo risco.

- Faça parceria com os alunos na elaboração de uma avaliação final apropriada.

- Considere como as diferentes opções de avaliação somativa podem afetar o bem-estar do aluno.

Ambos os modelos, presencial e remoto, oferecem desafios na avaliação, por exemplo: o ensino presencial tradicionalmente aplica avaliações em papel, o que dificulta a coleta e a tabulação dos dados de desempenho dos estudantes. Já no modelo remoto, geralmente os estudantes fazem avaliações *on-line*, e esses dados já podem ser extraídos sistemicamente. Ainda assim, poucos *Learning Management Systems* (LMSs) apresentam um campo para que o professor insira seus objetivos de aprendizagem e estes já sejam associados às questões da avaliação via sistemas, o que demanda certo trabalho do professor que deseja fazer a gestão da aprendizagem de seus estudantes.

No geral, os LMSs trazem apenas estatísticas condensadas a respeito do desempenho dos estudantes que têm pouco valor para a gestão da aprendizagem, como na Tabela 13.1. O nível mais granular que conseguimos chegar, sem a ajuda de um desenvolvedor, em um dos mais conhecidos LMSs, é na nota do instrumento como um todo, por aluno. Fora essas informações, conseguimos extrair estatísticas descritivas como a contagem, a média e a mediana do desempenho dos estudantes. Por isso, é interessante que os professores mantenham um controle próprio da associação dos objetivos de aprendizagem com as questões da avaliação e a nota por questão de cada um de seus estudantes.

Tabela 13.1 Estatísticas básicas de desempenho dos estudantes, obtida por um LMS hipotético

Estatísticas	
Contagem	70
Valor mínimo	3,00
Valor máximo	9,50
Intervalo	6,50
Média	6,91
Mediana	7,125
Desvio-padrão	1,42075
Variância	2,01854

No ensino remoto, a cadência de *checkpoints* de aprendizagem também importa. Espalhe pequenas atividades avaliativas em pequenos grupos no decorrer das aulas, com o objetivo de fornecer *feedbacks* aos alunos. Estudos prévios podem ser usados com forma de avaliação diagnóstica, por exemplo.

Para além dos LMSs, outras ferramentas *on-line* e gratuitas podem ser utilizadas para que o professor aplique *quizzes*, exercícios, mapas mentais etc., como forma de estudo prévio. De posse dos resultados, o professor pode fornecer *feedback* aos estudantes e abordar as dificuldades em sala de aula, adaptando planos de aula e dinâmicas de aprendizagem.

Uma lição importante a ser aprendida com o advento da modalidade *on-line* é que habilidades mais simples cada vez mais podem ser aprendidas de maneira informal, como em consultas na internet, por exemplo. Recentemente, o surgimento de tecnologias de inteligência artificial trouxe à tona diversos desconfortos com relação à aprendizagem informal dos estudantes. Atualmente, já existem ferramentas capazes de fornecer informações antes limitadas às salas de aula e nos livros didáticos. Para além das pesquisas bibliográficas, esses *softwares* computam informações de diversas fontes e as estruturam de maneira lógica, coerente e coesa. Isso significa que o estudante não precisa mais ler diversos artigos ou livros para obter uma informação revisada. Basta fazer uma pergunta a um robô e ele responde, com conteúdo autoral proveniente de diversas fontes, à pergunta do estudante.

Isso nos faz refletir sobre os objetivos de aprendizagem que realmente importam na formação dos nossos estudantes, independentemente da disciplina que lecionamos. Apesar da estruturação das informações que esses *softwares* fornecem, o ser humano continua sendo responsável pela formulação da pergunta que é adicionada, incluindo a lógica, a instrução e a linguagem que o robô entende, visando retornar uma resposta satisfatória. E, mais que isso, a avaliação dos resultados e a tomada de decisão continuam sendo humanas.

Nesse sentido, o modelo SEDA, desenvolvido pelo doutor Will Thalheimer (Figura 13.2), foi originalmente criado para ajudar *designers* de aprendizado a desenvolver questões baseadas em cenários reais de atuação. Esse modelo é interessante porque tem como base o simples comportamento humano de, diante de uma situação que demanda uma ação, passar por dois passos anteriores, a avaliação e a decisão. Apesar de ser baseado em uma simplificação da cognição humana, ele nos ajuda a refletir sobre a diferença do impacto das habilidades de baixo nível cognitivo daquelas de alto nível cognitivo.

Figura 13.2 Fluxo do *SEDA Model*, por Will Thalheimer (2018).

Isso significa que nossos estudantes, ao ingressarem no mercado de trabalho, estarão diante de problemas desestruturados do mundo real, e não serão demandados por apenas habilidades de nível cognitivo simples. Dificilmente precisarão apenas recitar conhecimentos adquiridos durante sua formação na escola básica ou ensino superior. Isso porque um problema real aciona um gatilho de decisão e de ação, e cada ação resultante de um problema gera um *feedback* para um novo ciclo de situações novas ou semelhantes.

O que os *softwares* de inteligência artificial fazem está antes da fase de apresentação da situação. Situações reais ou situações simuladas dificilmente podem resolvidas por esse tipo de ferramenta, pois elas exigem uma noção de contexto e um caráter que não é necessariamente dicotômico: certo e errado.

Diante de um problema real, os estudantes precisam avaliar a situação, tomar uma decisão e performar uma ação:

- **Avaliar o problema**: que ferramentas proporcionadas pelo meu curso podem ser utilizadas para resolver esse problema? Eu tenho essas ferramentas ou precisarei aprender ferramentas novas? Tenho conhecimento suficiente das ferramentas que já tenho ou vou precisar me aprofundar nelas?
- **Tomar uma decisão a respeito da resolução do problema**: quais são as ferramentas que serão utilizadas na resolução desse problema?
- **Ação diante do problema**: aplicar as ferramentas para resolver o problema. Analisar os resultados, reportar e, se necessário, refinar a resolução ou a escolha da ferramenta.

Mesmo diante da utilização de tecnologias como a inteligência artificial para gerar conteúdo, esses processos mentais ainda continuam inerentes aos estudantes.

Vamos praticar?

Analise a seguinte pergunta de Formação Geral do Enade 2017 para responder às questões ao final desta seção.

Enade 2017 – *Formação Geral – Questão Discursiva 1*

TEXTO 1

Em 2001, a incidência de sífilis congênita – transmitida da mulher para o feto durante a gravidez – era de um caso a cada mil bebês nascidos vivos. Havia uma meta da Organização Pan-Americana de Saúde e da Unicef de essa ocorrência diminuir no Brasil, chegando, em 2015, a 5 casos de sífilis congênita por 10 mil nascidos vivos. O país não atingiu esse objetivo, tendo se distanciado ainda mais dele, embora o tratamento para sífilis seja relativamente simples, à base de antibióticos. Trata-se de uma doença para a qual a medicina já encontrou a solução, mas a sociedade ainda não.

Disponível em: https://www1.folha.uol.com.br. Acesso em: 23 jul. 2017 (adaptado).

TEXTO 2

O Ministério da Saúde anunciou que há uma epidemia de sífilis no Brasil. Nos últimos cinco anos, foram 230 mil novos casos, um aumento de 32% somente entre 2014 e 2015. Por que isso aconteceu?

Primeiro, ampliou-se o diagnóstico com o teste rápido para sífilis realizado na unidade básica de saúde e cujo resultado sai em 30 minutos. Aí vem o segundo ponto, um dos mais negativos, que foi o desabastecimento, no país, da matéria-prima para a penicilina. O Ministério da

190 | Avaliação para Gestão da Aprendizagem no Ensino Superior

Saúde importou essa penicilina, mas, por um bom tempo, não esteve disponível, e isso fez com que mais pessoas se infectassem. O terceiro ponto é a prevenção. Houve, nos últimos dez anos, uma redução do uso do preservativo, o que aumentou, e muito, a transmissão.

A incidência de casos de sífilis, que, em 2010, era maior entre homens, hoje recai sobre as mulheres. Por que a vulnerabilidade neste grupo está aumentando?

As mulheres ainda são as mais vulneráveis a doenças sexualmente transmissíveis (DST), de uma forma geral. Elas têm dificuldade de negociar o preservativo com o parceiro, por exemplo. Mas o acesso da mulher ao diagnóstico também é maior, por isso, é mais fácil contabilizar essa população. Quando um homem faz exame para a sífilis? Somente quando tem sintoma aparente ou outra doença. E a sífilis pode ser uma doença silenciosa. A mulher, por outro lado, vai fazer o pré-natal e, automaticamente, faz o teste para a sífilis. No Brasil, estima-se que apenas 12% dos parceiros sexuais recebam tratamento para sífilis.

Entrevista com Ana Gabriela Travassos, presidente da regional baiana da Sociedade Brasileira de Doenças Sexualmente Transmissíveis. Disponível em: https://agenciapatriciagalvao.org.br. Acesso em 25 jul. 2017 (adaptado).

TEXTO 3

Vários estudos constatam que os homens, em geral, padecem mais de condições severas e crônicas de saúde que as mulheres e morrem mais que elas em razão de doenças que levam à óbito. Entretanto, apesar de as taxas de morbimortalidade masculinas assumirem um peso significativo, observa-se que a presença de homens nos serviços de atenção primária à saúde é muito menor que a de mulheres.

GOMES, R.; NASCIMENTO, E.; ARAUJO, F. Por que os homens buscam menos os serviços de saúde do que as mulheres? As explicações de homens com baixa escolaridade e homens com ensino superior. *Cad. Saúde Pública* [*online*], v. 23, n. 3, 2007 (adaptado).

A partir das informações apresentadas, redija um texto acerca do tema:

Epidemia de sífilis congênita no Brasil e relações de gênero

Em seu texto, aborde os seguintes aspectos:

* A vulnerabilidade das mulheres às DSTs e o papel social do homem em relação à prevenção dessas doenças;

* Duas ações especificamente voltadas para o público masculino, a serem adotadas no âmbito das políticas públicas de saúde ou de educação, para reduzir o problema.

Fonte: Disponível em: https://download.inep.gov.br/educacao_superior/enade/provas/2017/01_ARQ_URB_ BACHAREL_BAIXA.pdf. Acesso em: 23 fev. 2023.

Padrão de resposta:

Em seu texto, o estudante deve abordar os seguintes aspectos:

A proporção crescente de casos novos de sífilis no segmento feminino é evidência que tem sido cada vez mais encontrada no perfil epidemiológico não apenas dessa doença, mas também de várias outras doenças sexualmente transmissíveis (DST).

Capítulo 13 • Ensino Remoto, Presencial e Híbrido e Avaliação da Aprendizagem | 191

A vulnerabilidade desse grupo específico resulta da conjuntura de diversos fatores, sendo os fatores sociais e culturais de grande relevância. Nesse sentido, questões relacionadas ao padrão de comportamento de homens e mulheres no contexto das relações sexuais, bem como crenças morais, valores, relações de poder, entre outras, são muito influentes no grau de suscetibilidade feminina às DST.

A hierarquia de poder muitas vezes encontrada nas relações afetivas influenciam o papel das mulheres na tomada de decisões a respeito da relação sexual, afetando o espaço que tem (ou não) para negociar o uso do preservativo com seus parceiros, bem como as habilidades para abordar temas de DST junto a eles.

Aspectos culturais e morais afetam as atitudes de homens e mulheres no que diz respeito ao acesso e porte de preservativos, pois elas muitas vezes se sentem constrangidas tanto para comprar os preservativos quando para levá-los consigo. Cabe ressaltar que, no contexto dos cuidados em relação à saúde sexual e reprodutiva, a responsabilidade costumeiramente recai sobre a mulher. Além disso, culturalmente, o público masculino não costuma buscar os serviços de atenção primária à saúde e não se sente vulnerável às DST. Ademais, tendo em vista que os sintomas no público masculino são mais raros e/ou discretos, os homens muitas vezes sequer têm conhecimento de que estão contaminados, infectando suas parceiras e, muitas vezes, reinfectando-as, o que no contexto da sífilis congênita é ainda mais perigoso.

Com o intuito de fortalecer as ações de prevenção à sífilis e outras DST, são importantes ações no âmbito das políticas públicas de saúde e de educação especificamente dirigidas ao público masculino. O estudante pode citar, pelo menos, duas entre as ações listadas a seguir.

1. Ações de atenção primária voltadas à prevenção, que incentivem que o público masculino faça exames para detecção precoce de DST regularmente;
2. Programas de incentivo e atendimento ao público masculino no contexto dos exames de pré-natal, para ajudar a conter a reinfecção das gestantes no caso de parceiros já contaminados;
3. Programas especializados voltados para atender ao público masculino nos serviços de atenção primária, considerando suas especificidades e oferecendo serviços voltados à prevenção;
4. Campanhas de educação voltadas para a problematização da questão em ambiente escolar, a fim de introduzir uma cultura de responsabilidade com a saúde;
5. Inserção, em materiais didáticos, de textos sensibilizadores direcionados à importância do papel dos homens em relação à prevenção das DST;
6. Propostas de projetos educacionais em ambiente escolar direcionados ao desenvolvimento de relações afetivas saudáveis em que o diálogo entre os parceiros a respeito da saúde sexual seja viabilizado;
7. Campanhas educativas em espaços formais e não formais para desmistificar crenças e padrões morais de compreensão do protagonismo feminino diante da compra, do porte e da negociação do uso de preservativo com os parceiros;
8. Propostas de políticas públicas para a promoção de qualidade de vida seja na atenção primária, seja em campanhas educativas.

Fonte: Disponível em: https://download.inep.gov.br/educacao_superior/enade/padrao_resposta/2017/Pad_Resp_Arquitetura_urbanismo_bach.pdf. Acesso em: 23 fev. 2023.

192 | Avaliação para Gestão da Aprendizagem no Ensino Superior

Com a utilização de uma ferramenta de inteligência artificial, inserimos apenas o enunciado da questão, ignorando os três textos-bases, e a resposta que tivemos foi a seguinte:

A epidemia de sífilis congênita no Brasil é uma grave questão de saúde pública que afeta principalmente as mulheres e bebês. A transmissão da doença de mãe para filho ocorre durante a gravidez e pode levar a complicações graves, como aborto, parto prematuro e malformações congênitas.

As mulheres são mais vulneráveis às DSTs, incluindo a sífilis, devido a questões de gênero, como a falta de acesso à informação, educação e serviços de saúde adequados. Além disso, muitas vezes são responsabilizadas pela prevenção das DSTs, quando, na verdade, a responsabilidade deve ser compartilhada com os parceiros sexuais.

Nesse sentido, é importante que as políticas públicas de saúde e educação adotem ações especificamente voltadas para o público masculino. Duas ações que poderiam ser implementadas são:

1. Campanhas de conscientização: Campanhas de conscientização que abordem a importância do uso de preservativos, a realização de exames periódicos e a responsabilidade compartilhada na prevenção das DSTs podem ser uma estratégia eficaz para envolver os homens nessa questão. É importante que essas campanhas sejam desenvolvidas com linguagem e abordagem adequadas para esse público e que sejam veiculadas em espaços frequentados por homens, como estádios de futebol, bares e outros locais de convivência.

2. Ampliação do acesso aos serviços de saúde: Muitos homens não buscam atendimento em serviços de saúde por questões culturais ou de gênero. Portanto, é importante que os serviços de saúde sejam adaptados para atender às necessidades específicas desse público, por exemplo, oferecendo atendimento em horários mais flexíveis e com profissionais capacitados para lidar com questões relacionadas à masculinidade e à sexualidade masculina.

Em resumo, a epidemia de sífilis congênita no Brasil é um problema complexo que requer ações integradas e abordagens específicas para envolver os homens na prevenção e no controle da doença. A adoção de políticas públicas de saúde e educação que abordem as questões de gênero e promovam a responsabilidade compartilhada na prevenção das DSTs pode ser uma estratégia eficaz para reduzir a incidência da sífilis congênita no país.

Considerando a resposta que foi obtida por meio da IA, analise se a resposta estaria adequada de acordo com o padrão de resposta disponibilizado.

Caso sua resposta seja positiva, faça alterações na questão de maneira que ela possa fornecer respostas mais autênticas pelos estudantes.

Faça você mesmo

Busque um exercício de uma avaliação aplicada durante a pandemia de Covid-19 ou que tenha sido utilizada em um curso na modalidade *on-line*.

- Com base no que aprendeu neste capítulo, este exercício reflete algum de seus objetivos de aprendizagem? Se sim, identifique esse objetivo.
- Identifique também em que estágio do modelo SEDA está(ão) a(s) habilidade(s) mobilizada(s) pelo exercício.
- Utilizando um *chatbot* de inteligência artificial, seus estudantes seriam capazes de extrair uma resposta autoral e pronta, se mobilizarem as habilidades que você previu nos enunciados?

 Checklist

- Concentre-se no que você deseja avaliar.
- Conecte os alunos com os recursos de que precisam.
- Crie diretrizes claras para a avaliação.
- Crie muitas oportunidades de diálogo (*feedback*).
- Priorize avaliações/*feedback* frequentes e de baixo risco.
- Faça parceria com os alunos na elaboração de uma avaliação final apropriada.
- Considere como as diferentes opções de avaliação somativa podem afetar o bem-estar do aluno.

 O que você aprendeu neste capítulo?

Neste capítulo, aprendemos a refletir a respeito das especificidades das avaliações em cada modelo de ensino: presencial e remoto. Aprendemos também a viabilizar avaliações autênticas de aprendizagem, visando à identificação de *gaps* no aprendizado do estudante, para além da atribuição de nota.

Referências

BACICH, L.; TANZI NETO, A.; TREVISANI, F. M. (orgs.). *Ensino híbrido*: personalização e tecnologia na Educação. Porto Alegre: Penso, 2015.

GAYTAN, J.; MCEWEN, B. C. Effective online instructional and assessment strategies. *International Journal of Phytoremediation*, v. 21, n. 1, p. 117-132, 2007.

GIKANDI, J. W.; MORROW, D.; DAVIS, N. E. Online formative assessment in higher education: a review of the literature. *Computers & Education*, v. 57, n. 4, p. 2333-2351, 2011.

HORN, M. B.; STAKER, H. *Blended:* usando a inovação disruptiva para aprimorar a educação. Tradução: Maria Cristina Gularte Monteiro; revisão técnica: Adolfo Tanzi Neto, Lilian Bacich. Porto Alegre: Penso, 2015. 292 p.

LEMOV, D. *Ensinando na sala de aula on-line*: sobrevivendo e sendo eficaz no novo normal. Porto Alegre: Penso, 2021.

MATTAR, J. *Metodologias ativas para a educação presencial* blended *e a distância*. São Paulo: Artesanato Educacional, 2017.

MORGAN, C. J.; DINGSDAG, D.; SAENGER, H. Learning strategies for distance learners: Do they help? *Distance Education*, v. 19, n. 1, p. 142-156, 1998.

THALHEIMER, W. *The learning-transfer evaluation model*: Sending messages to enable learning effectiveness. 2018. Disponível em: https://WorkLearning.com/Catalog. Acesso em: 06 jun. 2023.

Capítulo 14

FECHAMENTO

Avaliar tem sido um processo muito desgastante no contexto escolar, em todos os níveis de ensino. No entanto, acreditamos que ele possa ser diferente e ser organizado de modo a auxiliar docentes e estudantes no processo de aprendizagem.

Partimos da premissa de que a avaliação deve estar a serviço da coleta de evidências sobre a aprendizagem dos estudantes, para que os docentes possam intervir de forma mais efetiva no aprendizado. Como já dito anteriormente, ela pode ser vista como um ponto de partida, não de chegada. Para tanto, é essencial que as avaliações mobilizem os objetivos de aprendizagem propostos em dado contexto pedagógico (uma aula, uma disciplina, uma sequência de aulas etc.).

Neste livro, procuramos materializar essa premissa: por se tratar de material escrito, não temos como garantir que o leitor fará as atividades propostas. Contudo, elas foram distribuídas de forma a estimular você a mobilizar os objetivos de aprendizagem de cada capítulo. Também pela natureza da obra, não há como fornecer *feedbacks* sobre atividades eventualmente realizadas, mas foram colocados *checklists* e perguntas norteadoras que podem auxiliá-lo a avaliar suas produções.

Também procuramos propor objetivos de aprendizagem de diferentes níveis cognitivos, para que você possa desenvolver práticas mais simples e mais complexas. Este é um modelo de desenvolvimento cognitivo em que acreditamos.

É evidente que você pode ter lido o livro sem fazer as atividades, e esse é um caminho totalmente possível. Você pode usá-lo para consultas pontuais, sempre que quiser se aprofundar em algum dos temas propostos sobre avaliação da aprendizagem.

Nossa proposta foi organizada dessa forma pela prática que nos trouxe até este livro. Temos trabalhado com avaliação da aprendizagem há alguns anos e sabemos que nossa formação como docentes não favorece esse tipo de abordagem, mais focado no aprendizado dos estudantes.

Aquela velha imagem da escola (Figura 14.1), com o professor transmitindo conhecimento e alunos passivos, ou solicitados a fazer operações muito simples e descontextualizadas do mundo real, pode estar com seus dias contados. E o processo avaliativo, com certeza, será bastante afetado, exigindo das escolas, coordenadores, docentes e demais envolvidos no processo de ensinar e aprender uma visão mais alinhada ao desenvolvimento de competências e habilidades essencialmente humanas, aquelas que não serão realizadas por programação.

Figura 14.1 Modelo tradicional de sala de aula.

Nesse sentido, este livro procurou auxiliá-lo na aproximação de um processo avaliativo mais focado na coleta de evidências relativas ao desenvolvimento de competências e habilidades. Sabemos, por experiência própria, que nossa formação docente não nos preparou de forma adequada para atuar no processo de ensino e aprendizagem. No ensino superior, essa situação é ainda mais gritante, na medida em que parte da crença de que a pesquisa é suficiente para a docência. Como se essas formações fossem sinônimas, e não complementares, como o são, de fato.

As mudanças que vêm ocorrendo na sociedade têm desafiado a escola e suas concepções arraigadas, exigindo novas formas de conduzir os processos de ensino e aprendizagem.

Há algum tempo, é possível encontrar informações na internet sobre os mais variados temas, algumas de boa qualidade, e outras, não. Seja como for, a premissa de um professor em sala que transmite conhecimento para seus alunos já está um pouco desgastada, na medida em que os estudantes hoje têm acesso a informações organizadas em diferentes formatos, muitas vezes bastante didáticos e acessíveis para a compreensão. Nesse contexto, explorar com os estudantes a curadoria de conteúdos nos parece muito mais útil do que negar que eles existem e serão consultados.

Chegando mais próximo do momento atual, observamos que a educação, dentre outros setores, será ainda mais impactada por tecnologias de inteligência artificial (IA), focadas nas mais diferentes expressões de linguagens e necessidades humanas. Agora, é possível gerar, por meio de IAs resultados inéditos, que foram elaborados em linguagem natural. Ou seja, o estudante não está mais limitado a encontrar informação. As máquinas geram informações novas, com base em milhares de dados espalhados na internet.

Evidentemente, haverá desafios que serão trazidos por esse novo contexto e eles não serão, sempre, positivos. No entanto, não nos parece que seja possível resistir às mudanças promovidas pelas IAs na vida das pessoas, dentro ou fora da escola.

No caso específico da avaliação, as inteligências têm sido capazes de resolver diversas atividades, pelo menos de forma minimamente adequada. É claro que é preciso fazer ajustes e há mecanismos que procuram identificar se uma resposta foi oriunda ou não de uma IA. Porém, já há outros mecanismos que permitem a um usuário gerar modificações suficientes para que não seja possível rastrear a origem da resolução proposta.

Acreditamos que pode ser muito proveitoso para a área da educação usar as IAs a favor da aprendizagem. Afinal, estamos entrando em uma era em que não será mais produtivo exigir conhecimentos nos níveis cognitivos do "lembrar" e do "compreender", da Taxonomia de Bloom, de forma pura. Não que esses níveis não sejam necessários (ao contrário), eles serão exigidos em contextos mais complexos, uma vez que caberá cada vez mais ao ser humano ser o tomador de decisões, aquele que é capaz de ler diversos contextos, com muitas informações, e trilhar caminhos que as máquinas não foram programadas para fazer.

Nossa visão sobre esse cenário é mais positiva do que negativa: em nosso entender, as disrupções que vêm acontecendo podem ser vistas como possíveis oportunidades, não apenas como ameaças, por mais que problemas existirão e precisarão ser contornados.

Mais do que tudo, entendemos que este é um momento em que a educação pode, de fato, passar a se focar na aprendizagem dos estudantes e dar ao professor, efetivamente, o papel que lhe cabe: o de mediador do aprendizado, aquele que é formado para atuar com o objetivo de auxiliar os estudantes no processo de aprender.

Índice Alfabético

A

Alinhamento dos objetivos de aprendizagem, 33, 45
- previstos no planejamento, 42
- e a ementa de uma disciplina, 43
Ambiente Virtual de Aprendizagem (AVA), 75
Análise
- de Rasch, 157, 158
- fatorial exploratória, 148
Aprendizado centrado no aluno, 30
Apresentações orais, 112
Aspectos tecnológicos, 79
Atividade(s)
- avaliativas, 42, 78
- dentro de programas curriculares, 42
- individual ou em grupo, 80
Avaliação(ões)
- autênticas, 186
- da aprendizagem, 183
- de competências e habilidades, 18
- diagnóstica, 133, 137
- formativa, 133, 138
- para intervir, 165
- somativa, 133, 136, 141

C

Calibragem da correção por rubricas, 153
Clareza, 31
- do que está sendo avaliado na questão objetiva, 91
Competência(s), 14
- e habilidades, 28
-- conceito, 15
-- em uma questão avaliativa, 12
-- no processo avaliativo, 7, 10

-- previstas nas DCNS, 27
Confiabilidade dos resultados avaliativos, 153, 160
Conteúdo(s), 14
- e objetivos de aprendizagem, 33
Critérios para escolha de instrumento, 73

D

Detratores, 98
Dimensão
- diagnóstica, 136
- formativa, 136
Dinâmicas, 42
Diretrizes Curriculares Nacionais (DCNS), 27
Discriminação
- de um instrumento, 157
- do desempenho, 125

E

Ementa, 43
Ensino
- a distância, 185
- híbrido, 183, 185
- presencial, 183, 185
- tradicional, 185
Enunciado, 21, 93
- claro, 80
Exame(s), 76
- externos, 42
Exame Nacional de Cursos (Enade), 8, 10, 11, 12, 18

F

Feedback, 139
Fluxo do *SEDA Model*, 188

200 Avaliação para Gestão da Aprendizagem no Ensino Superior

Foco da avaliação, 74
Formato de uma questão
- discursiva, 105
- objetiva, 92
Framework, 177

G

Gabarito, 98

I

Índice
- de Separação de Itens, 159
- de Separação de Pessoas, 158
Instrumentos de avaliação, 71, 73
- abertos, 73, 103, 112
- fechados, 73, 85
Intervenção na aprendizagem, 163, 169
Item reliability, 158

M

Matriz
- de avaliação, 173, 176, 177
- de referência, 176, 177
Mensurabilidade, 31
Modalidades de ensino, 185
Modelo tradicional de sala de aula, 196

N

Níveis
- cognitivos da Taxonomia Revisada
    de Bloom, 33, 52
-- analisar, 52, 53, 58
-- aplicar, 52, 53, 56
-- avaliar, 52, 53, 60
-- compreender, 52, 53, 55
-- criar, 52, 53, 63
-- lembrar, 52, 53, 54
- de proficiência da rubrica, 123

O

Objetivos de aprendizagem, 25, 29, 30, 43, 74
Organização para a Cooperação e
    Desenvolvimento Econômico (OCDE), 27

P

Padrão de resposta, 53, 108, 109
PDAF (Planejamento, Dinâmica, Avaliação e
    Feedback), 42, 45

Perfil, 14
Person reliability, 158
Planejamento, 29
Plano de ensino de disciplina, 43
Pontos de atenção, 126
Possibilidades de atuação, 169
Projetos, 77
- Pedagógicos de Cursos (PPCS), 27

Q

Quadro conceitual, 177
Qualidade da apresentação escrita, 123
Questão(ões)
- aberta, 105
- de múltipla escolha, 85, 87
- discursiva(s), 103, 105
-- avaliação, 107
-- formato de uma, 105
- objetiva, formato de uma, 92
Quiz, 75

R

Relatórios síntese de área, 10, 11
Rubrica
- de correção, 117, 119
- definição e traços fundamentais, 119
- e sistema de notas, 128
- específica, 126
- genérica, 126
- interpretação dos dados, 125

T

Tamanho da turma, 74, 78
Taxonomia de Bloom, 51, 52
Teste, 75
Texto-base, 93
Tipos de instrumentos, 74
Trabalho de Conclusão de Curso
    (TCC), 115

V

Validação
- por pares, 148
- quantitativa, 147
Validade, 147, 160
- e confiabilidade de instrumentos
    avaliativos, 145
Verbos de ação, 36